reinhardt

mensch & tier

Judith Schmidt

Der Esel in tiergestützten Interventionen

2. Auflage

Mit zahlreichen Fotos

Ernst Reinhardt Verlag München

Judith Schmidt, Burg-Reuland (Belgien), Tiertrainerin, gibt Seminare zur eselgestützten Arbeit, berät Einrichtungen und hält europaweit Vorträge zum Einsatz von Eseln in tiergestützten Interventionen (www.eselworkshop.com).

Bibliografische Information der Deutschen Nationalbibliothek

Die Deutsche Nationalbibliothek verzeichnet diese Publikation in der Deutschen Nationalbibliografie; detaillierte bibliografische Daten sind im Internet über <http://dnb.d-nb.de> abrufbar.

ISBN 978-3-497-03136-8 (Print)
ISBN 978-3-497-61600-8 (PDF-E-Book)
ISBN 978-3-497-61601-5 (EPUB)

2. Auflage

Printed in EU
Covermotiv: © Alexandra Evang, Düsseldorf

Ernst Reinhardt Verlag, Kemnatenstr. 46, D-80639 München
Net: www.reinhardt-verlag.de E-Mail: info@reinhardt-verlag.de

Inhalt

Vorwort

FALLBEISPIEL

Ein Passant: „Na, will er nicht? Soll ich mal helfen und den Esel von hinten anschieben?"
Ich: „Nein danke, der Esel braucht nur ein wenig Zeit, die wehende Fahne dort vorne zu begutachten und danach wird er ganz von selbst weitergehen."
Der Passant: „Na wenn Sie meinen."

In der Form und so ähnlich verliefen 2001 für gewöhnlich Begegnungen mit Passanten, wenn ich mit einem Esel unterwegs war. Inzwischen bin ich in unserem Dorf jedoch bekannt wie ein bunter Hund und niemand findet es mehr verwunderlich, dass ich mit Eseln wandern gehe. Auch als ich mich 2008 selbstständig gemacht habe und mich daher Wandergäste und Seminarteilnehmer begleiten, erstaunt das hier keinen mehr. Ganz im Gegenteil, ich denke, dass Esel von „meinen" Dorfbewohnern wirklich wertgeschätzt werden, denn sie haben über einige Jahre nun miterleben dürfen, wie wunderbar diese Langohren sind und was sie alles leisten können.

Ich möchte mich Ihnen einmal kurz vorstellen, damit Sie wissen, mit wem Sie es auf den folgenden Seiten überhaupt zu tun haben und Erläuterungen und Ratschläge meinerseits besser nachvollziehen können.

Mein Name ist Judith Schmidt. Ich bin geb. Kölnerin und lebe mit meinem Mann, acht Ziegen, sieben Katzen, einem Hund und vier eigenen Eseln sowie diversen Gasteseln, die ich in meinem „Esel-Internat" ausbilde, auf einem ehemaligen Bauernhof in der Eifel – im Naturpark Hohes Venn.

Ich bin Tiertrainerin und Autorin (Abb. 1). Mein größtes Interesse gilt jedoch der tierischen Ethologie, und so halte ich seit 2008 europaweit Vorträge über Tierverhalten und eine Erziehung, die mit wenig Druck aus-

Abb. 1: Bei geeignetem Wetter schreibe ich am liebsten im Auslauf meiner Tiere – Esel Ephraim ist dann meistens in meiner Nähe und inspiriert mich.

kommt. Demnach also auch ohne Leckerlis, denn auch Leckerlis üben Druck aus (Kap. 3.3). Ferner berate ich die verschiedensten Einrichtungen bei tiergestützten Aktivitäten, damit das Tier nicht nur Mittel zum Zweck wird.

Ich werde immer wieder gefragt, wie ich überhaupt auf die Idee gekommen bin, mir Esel anzuschaffen, denn die – so heißt es häufig – kann man ja noch nicht einmal reiten, da sie so klein sind.

Meine Tierliebe entwickelte ich bereits in sehr jungen Jahren. Als Dreijährige verkündete ich meiner Mutter nach einem Zoobesuch: „Und wenn ich groß bin, gehe ich nach Afrika und filme dort Tiere." Obgleich dieser Plan so leider nicht realisiert werden konnte, gehörten Tiere fortan zu meinen Wegbegleitern: Wir bekamen einen Hund, hatten Fische und Vögel, doch mein größter Wunsch war ein eigenes Pferd. Nun ja, mitten in Köln war das nicht ganz einfach, und auch die finanziellen Mittel meiner Eltern waren begrenzt. Aber mit elf Jahren bekam ich wenigstens schon einmal Reitunterricht.

Ich hätte nie gedacht, dass meine Tierliebe durch irgendetwas geschmälert werden könnte, doch dann trat etwas in mein Leben, womit ich nicht gerechnet hatte: Im zehnten Schuljahr fand ich bereits meine große Liebe. Wir zogen zusammen und kauften uns einen Kater. Nach zwei Jahren verlobten wir uns und nach weiteren drei Jahren heirateten wir schließlich. Wir erlernten beide einen klassischen Beruf.

Uns ging es sehr gut, doch wirklich glücklich waren wir nicht. Ich verfiel in eine Depression – doch dank meines Mannes, der sich liebevoll um mich kümmerte, erkannte ich, dass mich vor allem der Umgang mit Tieren glücklich machte. Also besuchten wir diverse Zoos, um Tiere näher zu erleben, sie zu beobachten und unseren Wissensdurst zu stillen, denn in den 1990er Jahren gab es noch nicht derart viele Tiersendungen wie in den Jahren darauf. Während mein Mann Gefallen an Wölfen und Großkatzen fand, hatten es mir die Bären besonders angetan. Und so kam es dann auch, dass mein Mann und ich eines Tages bei einer Frau aus Österreich mit ihrem Bären Kenny an einem Tisch saßen und gemeinsam zu Mittag aßen.

Einen Bären oder Tiger wollten wir danach zwar nicht halten, aber es hat in mir trotzdem etwas ausgelöst: Es hat mir Mut gemacht, meinen eigenen Weg zu gehen.

Wir überlegten uns, welche Tiere wir, neben unseren inzwischen erworbenen Kaltblutpferden, Gänsen, Katzen, Ziegen und Hund artgerecht dazu halten und berufsbedingt auch beschäftigen könnten. Wir dachten, Esel wären kleiner und wendiger als unsere „dicken“ Pferde. Dennoch könnten sie das Gepäck für ein leckeres Picknick tragen. Die Idee, Esel zu halten, ließ uns nicht mehr los, also besuchten wir den Brückenkopftierpark in Jülich. Auf einer großen Weide, weit vom Zaun entfernt und unter einem Baum im Schatten standen etliche erwachsene Esel und ein drolliges Fohlen. Nur zu gerne hätte ich das plüschige Fell des Fohlens gestreichelt, doch wieso sollte es ausgerechnet zu uns kommen? Ich rief es dennoch, aber malte mir keine großen Chancen aus. Doch dann wurde ich eines Besseren belehrt, denn das süße, junge Fohlen kam im Galopp angerannt und presste sich an den Zaun. Ich streichelte es ausgiebig. Diese Erfahrung, dass Esel derart kontaktfreudig sind, war das I-Tüpfelchen, das uns zu unserer Entscheidung des Eselhaltens noch gefehlt hatte. Von diesem Zeitpunkt an gab es kein Halten mehr und wir verwirklichten unseren Traum (Abb. 2).

Abb. 2: Ein Kindheitstraum wird wahr – mit Esel, Ziegen und Gänsen spazieren wir zum nahegelegenen See.

Als wir in dieser Konstellation wieder einmal durch unser Dorf spazierten, um im nahegelegenen See mit den Gänsen schwimmen zu gehen, hörten wir, wie ein Mann, der im Garten Unkraut zupfte, seiner Frau zurief: „Rita, Riiitaaa, komm' schnell. Da ist wieder die heilige Familie unterwegs.“ Ich war etwas verdutzt und musste erst ein wenig darüber nachdenken, wieso er uns „heilige Familie“ nannte, denn mein Mann und ich sind alles andere als gläubig. Aber dann verstand ich, dass das, was für uns normal und Alltag geworden war, für Außenstehende immer noch etwas Besonderes ist.

Ich werde wohl immer mit Depressionen zu kämpfen haben, aber Tiere sind meine persönliche Medizin. Wenn ich Tiere um mich herum habe, geht es mir gut.

Im Winter 2002 erhielten wir dann die erste Anfrage für eine tiergestützte Intervention und die Zusammenarbeit mit einem Klinikclown, meinen Eseln und mir war geboren. Nach diesem Krankenhausbesuch fühlte ich mich rundherum glücklich, so dass mir schlagartig bewusst wurde, in diesem Bereich nun meine Berufung gefunden zu haben. Inzwischen gibt es für mich nichts Schöneres im Leben, als mit meinen geliebten Tieren im weiten Feld der tiergestützten Interventionen so viel Freude und Glücksgefühle in anderen Menschen hervorrufen zu können.

In diesem Buch möchte ich Ihnen meine langjährigen Erfahrungen mitteilen, die ich mit Eseln gesammelt habe, und aufzeigen, wie vielfältig sie einerseits tiergestützt eingesetzt werden können, aber auch, wo andererseits die Grenzen des Möglichen sind.

Zur besseren Lesbarkeit habe ich in diesem Buch für alle Personen die männliche Form verwendet. Selbstverständlich ist die weibliche Form immer mitgemeint.

Burg-Reuland im Dezember 2018
Judith Schmidt

1 Basiswissen über Esel

Ein Therapiebegleittier ist für gewöhnlich ein Hund oder ein Pferd. Zunehmend werden aber auch Esel in der tiergestützten Arbeit eingesetzt (Abb. 3).

DEFINITION

Unter **Asinotherapie** versteht man eine Verhaltenstherapie in Zusammenarbeit mit einem Esel. Sie ist ein Teil der großen Equidentherapiefamilie – der Oberbergriff für die pferdegestützten Therapien. Die Asinotherapie ist aus den vielseitigen Bereichen der Therapiemöglichkeiten eine unkonventionelle und alternative Medizin. In Italien, Frankreich und der Schweiz, wo es eine große Eselpopulation gibt, ist sie weit verbreitet. Der Esel wird unterstützend als Helfer unter therapeutischen Gesichtspunkten integriert.

Abb. 3: Esel erfreuen sich immer größerer Beliebtheit in der Asinotherapie.

Die Asinotherapie boomt! Daher ist es wichtig, über die Bedürfnisse und Einsatzmöglichkeiten der Esel Bescheid zu wissen, damit die Zusammenarbeit mit ihnen nicht auf Kosten dieser äußerst intelligenten Geschöpfe geht., Tiergestützt sollte also unbedingt auch immer tiergeschützt sein!

1.1 Evolution und Domestikation

Abb. 4: Somali-Wildeselhengst in der „Wilhelma" – der Zoologisch-Botanische Garten in Stuttgart

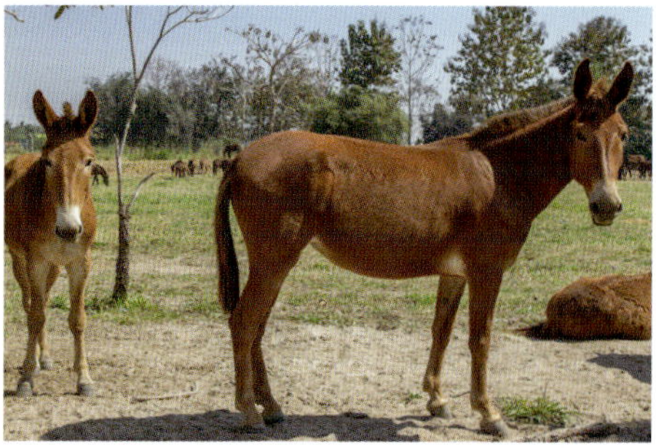

Abb. 5: Warmblut-Maultiere auf einem Militär-Areal in Thailand

Unsere meist mausgrauen oder dunkelbraunen Hausesel, mit weicher Mehlschnute und schwarz gegabeltem Aalstrich auf dem Rücken, haben ihren Ursprung in den heißen und gebirgigen Regionen Afrikas (Abb. 4). In einer Grabkammer bei Abydos (Ägypten) wurden vollständige Eselskelette gefunden, die nach pathologischer Begutachtung darauf schließen ließen, dass diese Tiere nicht primär als Nahrung dienten, sondern zum Lastentragen eingesetzt wurden. Sie wurden demnach noch vor dem Pferd ca. 5000 bis 6000 Jahre vor Christus domestiziert. Esel dienten auch als Zugtier und sogar als „Amme", da ihre Milch der menschlichen Muttermilch sehr ähnlich ist. In Südeuropa schwört man z. B. auf Eselmilch als Heilmittel gegen Keuchhusten. Der wissenschaftliche Name des Esels lautet „equus asinus"; aus diesem Namen entstand der Begriff *Asinotherapie* (in Anlehnung an die Hippotherapie).

Die pferdeartigen Tiere (Pferde, Ponys, Esel und Zebras) können sich alle untereinander verpaaren. Auf diese Weise entstehen Maultiere (Mutter: Pferd, Vater: Esel), Maulesel (Mutter: Esel, Vater: Pferd) oder Zesel (Kreuzung zwischen Zebra und Esel). Diese sog. Hybriden sind durch eine ungerade Chromosomenzahl allerdings unfruchtbar (Abb. 5).

1.2 Besonderheiten zu Eseln

Esel besitzen viele Qualitäten, von denen der Laie leider nur sehr wenig weiß. Meist sind es die eigensinnigeren Eigenschaften, die in Märchen, Sagen und Legenden Erwähnung finden und daher in Erinnerung bleiben. In dem über Jahrtausende als Haustier und Arbeitsgehilfe geschätzten Esel steckt jedoch weitaus mehr. Esel sind

- eingeschränkte Fluchttiere – sie sind nervenstark, trotzen Verkehrslärm und Feuerwerk und tendieren selten zu nervösen Galoppaden,
- vorsichtig – sie handeln überlegt,
- neugierig – sie wollen alles ganz genau inspizieren,
- kontaktfreudig – sie genießen Streicheleinheiten,
- soziale Partner – für Menschen und Tiere,
- selbstständig und trittsicher – in unwegsamen Gelände und auf schmalen Pfaden,
- aufmerksame Beobachter – durch ihre guten Sinne entgeht ihnen nichts (denn es sind nicht nur die Ohren und Augen, sondern auch das Riechen, Schmecken, Fühlen),
- verspielt – und entsprechend gelehrig,
- nachdenklich – sie wägen Pro und Contra ab,
- intelligent – sie lernen schnell,
- für menschliche Nasen eigengeruchsneutral – Eselfell ist nicht mit Pferdefell zu vergleichen.

Sie sind aber auch

- ziemlich triebhaft – vor allem die Hengste,
- früh geschlechtsreif – die Fortpflanzung ist schon im Fohlenalter möglich,
- lange Zeit „Teenager" – erst mit ca. zehn Jahren werden sie zu sog. „Verlass-Eseln",
- wetterfühlig – Esel sind nicht „wasserfest" (z. B. bei Regen),
- bei Krankheit schwer einzuschätzen – Esel leiden still,
- im Rücken und auch im Zug vor der Kutsche gering belastbar – sie können prozentual weniger als ein Pferd/Pony tragen oder ziehen,
- aggressiv gegen Canidae (Hunde, Wölfe, Schakale usw.) – das sind ihre natürlichen Feinde,
- „Ausbruchskünstler" – durch ihre Intelligenz und Neugierde finden sie schnell ein Schlupfloch,

- unzertrennlich – Esel sind Herdentiere, die sich gerne „Partner“ suchen,
- bei Unzufriedenheit laut – das „Iah“ ist kilometerweit zu hören.

1.3 Die Sinne der Esel

Esel werden als eingeschränkte Fluchttiere bezeichnet, da sie bei Gefahr nicht kopflos losrennen, sondern die Situation erfassen und abwägen, ob Flucht bei der augenblicklichen Gefahr wirklich die beste Entscheidung ist. Nichtsdestotrotz sind es Fluchttiere, und wie bei allen Fluchttieren befinden sich ihre Augen seitlich am Kopf – was zur Folge hat, dass sich direkt frontal vor ihrem Kopf und hinten zur Kruppe hin ein toter Winkel auftut. Wenn Sie sich die Faust selber einmal zwischen Nase und Stirn halten und geradeaus schauen, bekommen Sie einen Eindruck davon, wie das Blickfeld eines Esels ist. Esel können ihre Umwelt jedoch rechts und links in einem viel größeren Radius wahrnehmen, allerdings nicht gestochen scharf. In diesem Bereich sehen sie auf lange Distanzen überwiegend Bewegungen. Eine Übersicht der visuellen Wahrnehmungsmöglichkeiten eines Esels zeigt Abbildung 6.

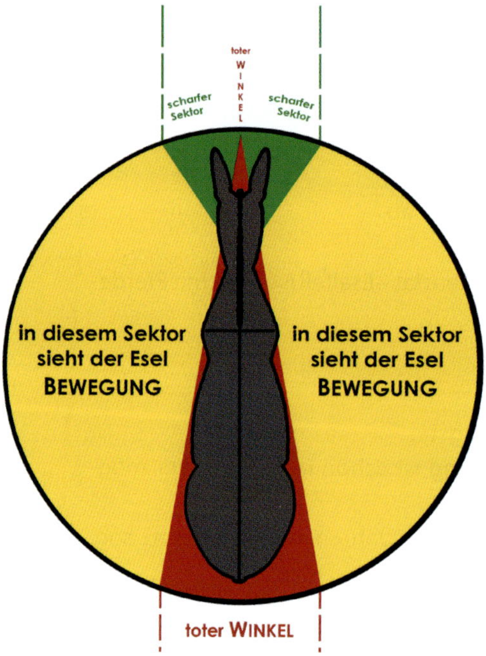

Abb. 6: Die visuellen Wahrnehmungsmöglichkeiten des Esels

TIPP

Häufig nehmen Menschen, die einen Esel streicheln wollen, Kontakt zu ihm auf, indem sie frontal auf ihn zugehen und seine wollige Stirn tätscheln. Besser und respektvoller ist es jedoch, sich ein wenig seitlich zu positionieren und dem Esel im scharfsehenden Bereich die Hand hinzuhalten, damit dieser den ersten Kontakt schnupperndenweise zu Ihnen aufnehmen kann.

Esel haben auch ein ähnliches Farbspektrum wie wir Menschen und können daher alle Farben unterscheiden. Die Augen ermöglichen eine weite Sicht. Geht man mit einem Esel spazieren und kommt aus dem dichten Wald auf freies Gelände, bleibt der Esel meistens stehen, weil er in der Ferne so viel sieht. Er braucht eine gewisse Zeit, die Dinge, die er wahrnimmt, erfahrungsgemäß einzustufen und als gefährlich oder ungefährlich zu deuten. Dabei helfen ihm auch der Gehör- und Geruchssinn.

Die typisch langen Ohren machen in unübersichtlichem Gelände Sinn, denn wenn der Blick versperrt wird oder es dunkle Nacht ist, konzentriert sich der Esel vermehrt aufs Hören. Die Ohren können sich unabhängig voneinander in alle Richtungen drehen und nehmen damit gezielt die Eindrücke auf, die wichtig für sie sind.

Der Geruchssinn ist ebenfalls exzellent ausgeprägt und spielt vor allem bei der Partner- und Futtersuche eine große Rolle.

EXKURS

Begrüßung

Esel begrüßen sich untereinander, indem sie Maul an Maul aneinander herantreten und sich gegenseitig ihren Atem sanft in die Nüstern blasen. Das ist nicht zu verwechseln mit Schnauben, sondern es ist ein einfaches Ausatmen. Der Geruch des jeweils anderen ist unverkennbar – vergleichbar mit einem Fingerabdruck. Kommt ein Esel auf einen Menschen zu, indem er mit etwas gespitzten Lippen (es wirkt, als wolle der Esel einen küssen) seinen Kopf sacht nach vorne reckt, ist die richtige Reaktion, diesem Esel sanft in die Nüstern zu pusten. Der Esel wird diese Geste mit einem langen Ausatmen erwidern (Abb. 7).

Abb. 7: Dieser junge Esel begrüßt seine Besitzerin, die sanft in dessen Nüstern pustet.

Wenn Esel einen Geruch allerdings bis ins Detail analysieren wollen, flehmen sie. Dabei stülpen sie die Lippen weit auseinander und strecken den Kopf nach oben. Sie atmen den für sie interessanten Duft ein und können ihn über den Gaumen (dort sitzt das Jacobson-Organ) nicht nur riechen, sondern auch schmecken und bis in alle Einzelheiten aufschlüsseln. Meist flehmen Esel, um herauszufinden, ob eine Stute rossig ist. Der Hengst geht dafür zu der Stelle, wohin die Stute uriniert hat, riecht daran und kann herausfiltern, ob sie rossig oder bereits tragend ist. Aber auch andere Gerüche (z. B. eine Tasse mit frisch aufgebrühtem Kaffee oder Zigarettenrauch) veranlassen ihn dazu, diesen Duft genauer unter die Lupe nehmen zu wollen.

Das Haarkleid des Esels ist äußerst sensibel. Nicht nur die kleinen Tasthaare ums Maul herum, sondern das gesamte Fell. Esel spüren z. B., wenn sich eine Fliege auf den Rücken setzt und zucken gezielt an dieser Stelle mit dem Fell, um sie zu verscheuchen.

! Den Esel zur Belohnung nicht klopfen, sondern vielmehr streicheln oder kraulen! Das Klopfen wird der Esel nicht als Lob verstehen, denn geklopft wird unter Eseln nur, wenn sie miteinander spielen oder kämpfen.

Wenn Sie einen Esel klopfen, verteilt er Tritte und Bisse. Das Streicheln oder Kraulen hingegen ist eine Zuwendung, die zwei Esel untereinander austauschen, wenn sie sich mögen und gegenseitig mit den Zähnen knabbernderweise sozialen Kontakt pflegen.

Abb. 8: Diesen schmalen Pfad haben sich die Esel selbst angelegt. Auf ihm marschieren sie in der Karawane hintereinander.

Esel sind beim Fressen wählerisch und ertasten mit den beweglichen Lippen ihre Nahrung. Im Maul wird das Futter geschmeckt und wenn es für nicht gut erachtet wird, auch wieder aus dem Maul fallen gelassen. Spucken oder Erbrechen können Esel rein anatomisch nicht. Daher wird das Futter vor dem Herunterschlucken bestmöglich untersucht.

Beim Trinken saugt der Esel das Wasser auf und behält gerne den letzten Schluck noch eine Weile im Maul, um damit die Futterreste ein wenig auszuspülen, bevor er alles herunterschluckt.

Im unwegsamen Gelände muss sich ein Esel gut ausbalancieren können. Dennoch sind seine Hufe, im Vergleich z. B. zu Ziegen, die als Paarhufer die perfekte Voraussetzung für das Klettern in den Bergen haben, dafür eher ungeeignet. Seine Anatomie – eine schmale Brust, U-förmige Hufe samt ausgeprägtem Strahl und leicht zu X-förmigen Hinterbeinen neigend – macht dennoch aus ihm ein geländegängigeres Tier, als es das Pferd oder Pony ist. Treppen zu meistern, stellt für Esel z. B. keine besonders große Herausforderung dar. Aufgrund der schmalen Brust „schnüren" viele Esel. Das bedeutet, dass sie beim Gehen die Hufe nicht nebeneinander, sondern voreinander aufsetzen. So bewegen sich Esel in einem Karawanenzug hintereinander auf schmalen Pfaden fort. Das hintereinanderher Gehen liegt dem Esel also quasi im Blut (Abb. 8).

1.4 Gedanken zum Eselkauf

Im Hinblick darauf, den Esel zur tiergestützten Arbeit einsetzen zu wollen, ist es ratsam, sich gesunde Esel zu kaufen.

Hufe und Fell sagen Ihnen schon auf den ersten Blick eine ganze Menge über den Gesundheitszustand. Ein Esel sollte

- schönes, glattes Fell haben – Esel neigen zu Stoffwechselproblemen und haben daraufhin rasch verstrubbeltes oder löchriges Fell; ein gesunder Fellwechsel verläuft z. B. niemals löchrig, sondern ist immer ein fließender Übergang,
- glatte, nicht zu lange Hufe haben – abgeblätterte und ausgebrochene Hufe oder horizontale Rillen in den Hufen verraten, dass etwas mit dem Esel gesundheitlich nicht stimmt,
- keine sichtbaren Fettpolster an Mähnenkamm, auf den Rippen oder der Kruppe haben,
- bei gesenktem Kopf einen geraden Rücken haben – bei hoch erhobenen Kopf ist der Rücken nur leicht gesenkt,
- aufeinandertreffende Schneidezähne haben – ein Über- oder Unterbiss führt früher oder später zu Problemen,
- gerade Vorder- und Hinterbeine haben – eine leichte X-Gliedmaßenstellung der Hinterbeine kann im Gebirge von Vorteil sein.

Exterieur, aber auch Interieur sollten „stimmig" sein, damit tiergestützt gearbeitet werden kann.

Esel werden zum Teil nur mäßig erzogen und neigen dann dazu, sich aufdringlich oder respektlos zu verhalten. Sie benutzen den Menschen z. B. als „Kratzbaum", um sich das Auge zu jucken, oder rempeln einen auffordernd an, damit sie gekrault werden. Wohlerzogene und gut sozialisierte Esel halten ca. eine Armlänge vor dem Menschen an und warten ab, ob sie sich weiter annähern dürfen. Sie knabbern nicht an der Kleidung und lassen sich ohne viel Mühe auch wieder wegschicken.

Esel können z. B. beim Züchter, von Privatleuten oder vom Verein der Noteselhilfe (www.noteselhilfe.org, 05.11.18) erworben werden.

Die Wahrscheinlichkeit, einen passenden Esel für Ihre Zwecke zu bekommen, ist bei einem seriösen Züchter am höchsten. Sie achten darauf, dass der Nachwuchs gut sozialisiert wird, die Eselstuten nicht permanent gedeckt werden und dass der Eselhengst gute Gene weitervererbt. Meist haben diese Esel einen höheren Verkaufspreis; das zahlt sich aber während eines langen Esellebens aus. Von Grund auf gesunde Esel benötigen Tierarzt und Hufschmied viel seltener. Hinzu kommt zum tadellosen Charakter ein klarer Geist, was Erziehung und Ausbildung vereinfacht.

Beispielsweise vor dem Schlachter „gerettete" Esel haben meist eine traumatische oder unbekannte Vorgeschichte und sind häufig krank. Das ist keine gute Voraussetzung, um sie in tiergestützten Interventionen einzusetzen. Allerdings gibt es auch Ausnahmen (Abb. 9)!

Abb. 9: Bei diesem Mischling hat auch einmal ein Poitou-Esel seine Gene weitergegeben.

TIPP

Ich persönlich habe alle meine Tiere von Privatleuten gekauft, mit denen ich mich im Vorfeld stets ausgiebig über die jeweiligen Eigenschaften der Tiere und meine Ziele bzw. Wünsche ausgetauscht habe.

Am besten ist es, sich im Vorfeld zu überlegen, wo und wie der Esel später überhaupt eingesetzt werden soll:

- Soll mein Esel in engem Kontakt mit Menschen stehen (zum Kuscheln, Streicheln, Putzen etc.)?
- Möchte ich mit meinem Esel spazieren gehen, soll er für Tageswanderungen oder Mehrtagestouren eingesetzt werden?
- Soll er zum Reiten oder zum Fahren geeignet sein?
- Möchte ich mit ihm in Einrichtungen direkt zu Patienten oder Bewohnern gehen?

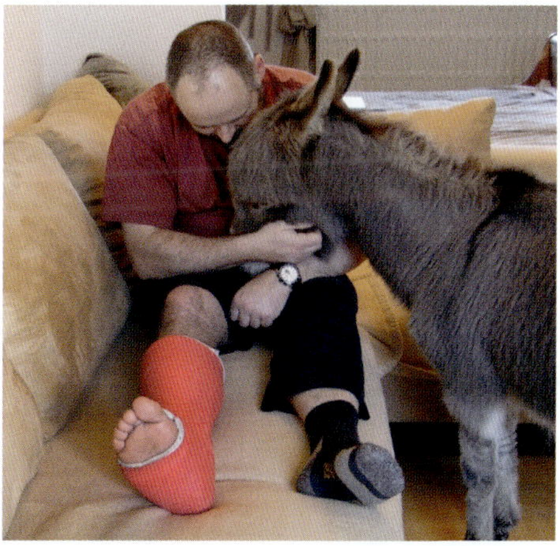

Abb. 10: Miniesel beim Hausbesuch eines Patienten

Entsprechend der Zielgruppe sollten Sie sich die Esel nach geeigneten Voraussetzungen aussuchen. Ein Miniesel z. B. kann nicht geritten werden, wohl aber eine Kutsche ziehen. Ein Großesel passt schlecht in den Aufzug zum Aufenthaltsraum eines Seniorenheims; hier eignet sich hingegen der Miniesel (Abb. 10).

Ein junger Esel kommt mit ca. zweieinhalb bis drei Jahren – zeitgleich zum Zahnwechsel – in die „Flegeljahre" und ist erfahrungsgemäß bis zum sechsten Lebensjahr im Umgang recht schwierig.

TIPP

Sollten Sie mit der Ausbildung von Eseln noch keine Erfahrung haben, rate ich dringend von „Esel-Teenagern" ab. Ein ausgewachsener Esel ist in diesem Fall mit Sicherheit die bessere Wahl.

Abb. 11: Esel leben lieber als alle anderen Herdentiere paarweise zusammen.

Da Esel sich mehr als alle anderen Herdentiere paarweise zusammenfinden, bietet es sich an, zwei miteinander befreundete Esel zu kaufen. Nutzen Sie es also ruhig aus, wenn die Esel sich bereits mögen und kaufen Sie beide im „Doppelpack" (Abb. 11).

1.5 Haltungsbedingungen

Stall: Esel sind von Natur aus Langstreckenläufer, denn in ihrer ursprünglichen Heimat müssen sie weite Wege zurücklegen, um ihren täglichen Futterbedarf zu decken. Da Esel kein wasserabweisendes Fell haben, müssen sie aber immer die Möglichkeit bekommen, sich zugfrei unterstellen zu können. Ansonsten können sie sich an feuchtkalten Tagen schnell unterkühlen.

TIPP

Es eignet sich am besten die Offenstallhaltung mit einem befestigten Auslauf.

Ein Plastikstreifenvorhang hält im Sommer effektiv die Insekten aus dem Stall (Abb. 12). Eine Fliegenmaske schützt zusätzlich die Augen.

Auch im Offenstall ist eine Quarantänebox sinnvoll – sollte z. B. ein Esel einmal krankheitsbedingt separiert werden müssen (Abb. 13).

Abb. 12: Dieser Esel lugt neugierig hervor, wer im Auslauf mit dem Fotoapparat herumläuft.

Abb. 13: Quarantänebox

Zaun: Ein doppelter Zaun aus z. B. Holzbalken ist besonders langlebig.

TIPP

Sichern Sie den feststehenden Zaun am besten mit einer davor gespannten Stromlitze, damit die Esel ihn im Frühjahr aufgrund des juckenden Fellwechsels nicht als Kratzbaum missbrauchen oder im Winter das Holz anknabbern, denn Esel benötigen für eine einwandfreie Verdauung faserreiche Nahrung.

Wenn sich nach und nach die Pfähle lockern, sollte die Reparatur umgehend erfolgen. Esel sind sehr intelligent und verspielt und finden daher meist schnell einen Weg durch den Zaun. Außerdem kann auch eine saftige, grüne Wiese des Nachbarn den Esel von zuhause weglocken.

Futter: Esel sind überaus gute Futterverwerter und benötigen karge und faserreiche Kost. Die Fütterung aus einem engmaschigen Heunetz ist ein guter Kompromiss, den Esel mit Futter zu beschäftigen bzw. dafür zu sorgen, dass er seine Mahlzeit nicht wiedernatürlich schlingen kann (Abb. 14).

Abb. 14: Heunetz

> ! Das Raufutter (Heu, Stroh und Äste), das Trinkwasser und der Salzleckstein sollten weit voneinander entfernt platziert werden, damit die Esel sich möglichst viel bewegen. Denn nichts schadet Eseln mehr, als herumzustehen und nichts zu tun.

Esel als „Rasenmäher" einzusetzen, ist grundverkehrt. Da sie als Halbwüstentiere nur karges Futter gewöhnt sind, ist das Nahrungsangebot in unseren Breitengraden in der Regel zu gehaltvoll. Die Esel werden hier rasch zu dick. Fettleibigkeit führen zu Krankheit (häufig sind Verdauungsprobleme, Magengeschwüre oder Fettleber) und letztendlich zu einem frühen Tod. Erfahrungsgemäß werden die Esel in Nord- und Mitteleuropa allerdings nur um die 20 Jahre alt, dabei können sie unter den richtigen Bedingungen 35 Jahre und älter werden.

Weide: Möchten Sie Ihren Eseln den Gang auf die Weide nicht versagen, sorgen Sie für eine magere Wiese mit möglichst zuckerarmen Gräsern, die nur stundenweise beweidet werden kann. Frisches, grünes, saftiges Gras ist keine natürliche Ernährung für einen Esel. Die meisten Esel werden bei so einer Fütterung rasch übergewichtig und krank (Abb. 15). Die meisten eselgerechten Gräser können sich in Nord- und Mitteleuropa jedoch nicht lange halten, und die heimischen Gräser gewinnen schnell wieder die Oberhand.

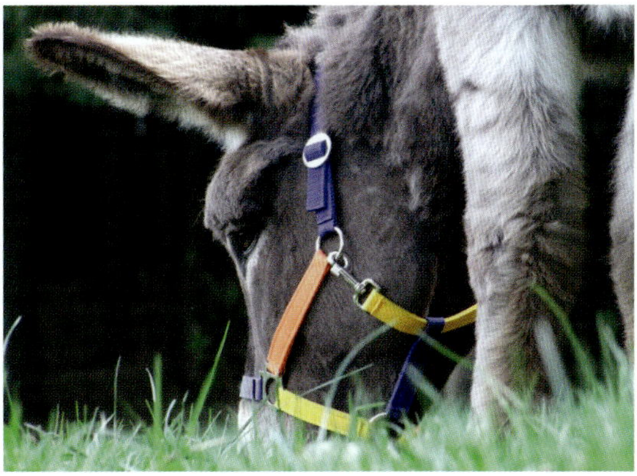

Abb. 15: Esel weiden frisches Gras schnell ab.

EXKURS

Es gibt ein Beweidungsprojekt mit Eseln bei Köln (in der Wahner Heide), das recht gut funktioniert. Die dort von Frühjahr bis Herbst lebende Eselherde (ca. zwanzig Tiere) nimmt auf dem Gelände an Gewicht nicht zu, da die Tiere bei der Futtersuche am Tag durchschnittlich zehn Kilometer und mehr zurücklegen und neben kargen Gräsern auch jede Menge Buschwerk fressen (www.wahnerheide.net, 29.10.2018).

! Der Stein- und Geröllwüstenbewohner Esel braucht kein frisches Gras, denn es ist nicht seine natürliche Nahrung!

Immer wieder wird argumentiert: „Ich mähe die Wiese regelmäßig, damit die Esel nicht so viel fressen können." Das ist jedoch ein Trugschluss: Eine Weide, die durch Mähen ständig kurz gehalten wird, ist viel gehaltvoller als eine Weide, auf der die Gräser lang gewachsen sind und bereits in Blüte stehen (Abb. 16).

Kurzes Gras ist sogenanntes „gestresstes Gras", das wachsen will und besonders viel Energie in den Halm steckt. Lange Gräser in Blüte hingegen sind meist schon angetrocknet und fast mit Heu vergleichbar (Abb. 17).

Pflege: Den Esel täglich zu putzen, mag aufwendig erscheinen, denn sie wälzen sich oft bis zu 15 Mal am Tag (Abb. 18). Doch das Bürsten dient nicht nur der Sauberkeit. Gleichzeitig regt das feste Bürsten die Durchblutung und

Abb. 16: Es ist ein Irrglaube, dass ein kurzer Rasen besser für den Esel geeignet ist.

Abb. 17: Ein Esel soll vertrocknete und zuckerarme Gräser bekommen.

damit den Kreislauf an – und ganz nebenbei kann man den Esel auf Verletzungen untersuchen.

> **!** Das Bürsten ist vor allem als sozialer Kontakt zu verstehen!

Die Bürstmassage wird von vielen Eseln ungemein geschätzt, und es entsteht so gleichzeitig eine Verbindung zum Menschen. Dass der Esel dabei kurzzeitig auch sauber wird, ist eine nette Begleiterscheinung.

Gesunderhaltung: Zur Gesunderhaltung gehört neben der artgerechten Fütterung und dem Putzen auch die Pflege der Hufe. Die Eselhufe sind unseren feuchtkalten Jahreszeiten nicht angepasst. Strahlfäule, Pilz und Bakterien kommen sehr häufig vor. Aber auch unter der schmerzhaften Hufrehe, die u.a. durch eine Insulinresistenz ausgelöst werden kann und meist dickere Tiere befällt, leiden Esel vermehrt. Daher ist es wirklich ratsam, Esel nicht zu überfüttern. Evolutionär gesehen sind Eselhufe auf harte, trockene Böden eingestellt.

> **!** Tägliche Hufkontrolle und anschließendes Hufeauskratzen sind ein Muss, um Problemen vorzubeugen!

Abb. 18: Esel wälzen sich mehrmals am Tag ausgiebig.

Der Hufpfleger, –techniker, -orthopäde, oder -schmied sollte in einem Turnus von vier bis acht Wochen kommen und die Hufe wieder in Form bringen (Abb. 19). Dabei wird er sich auch einen deutlich besseren Überblick über die Gesunderhaltung der Hufe verschaffen können als Sie beim täglichen Auskratzen. Gegebenenfalls kann er auch ein Hufpflegemittel verordnen.

Abb. 19: Hufpflege durch eine Huftechnikerin

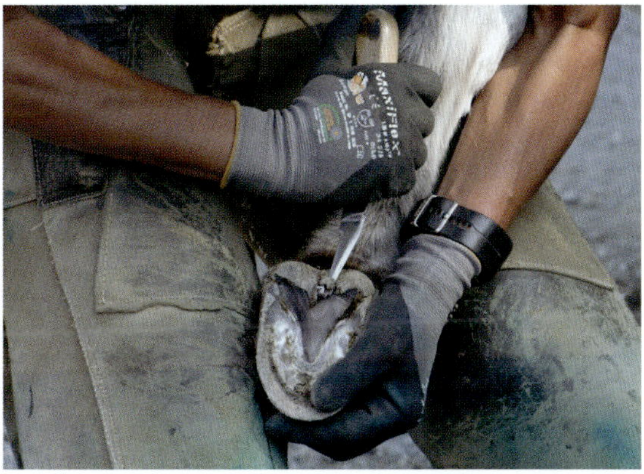

TIPP

Huftechnikerin Thekla Friedrich kennt sich nicht nur bestens mit den Besonderheiten der Eselhufe aus, sondern sie unterrichtet auch Kollegen und gibt Hufkurse für Eselhalter.

Bei ungepflegten oder zu lang gewachsenen Hufen leidet die Hornqualität. Das Horn wird spröde und ganze Teile brechen aus dem Huf heraus oder können sich verformen (Abb. 20). Der daraus resultierende falsche Gang wirkt sich auf den gesamten Körperbau aus.

Abb. 20: Brüchiger Huf und zu langer Huf

Dieser Huf konnte auf ideale Hufwinkelung von 60 Grad gebracht werden (Abb. 21).

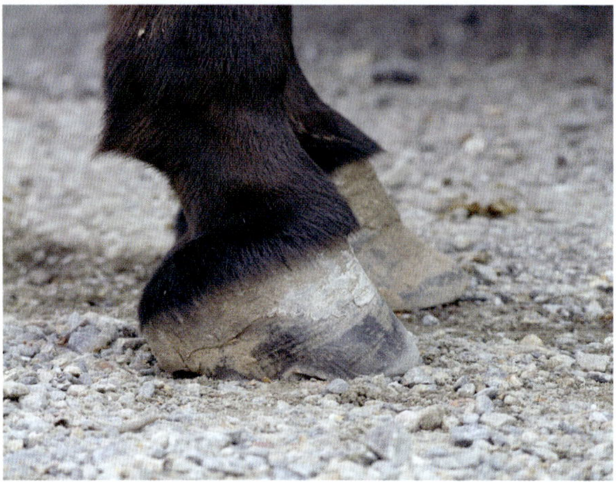

Abb. 21: Hinten der noch zu lange Huf mit deutlich sichtbarem Knick in der Hufwand, vorn ist der Huf bereits in Idealstellung.

Auch die Zähne können ein Grund zur Sorge werden.

Da das Verdauungssystem der Esel empfindlich ist, ist es wichtig, dass sie ihre Nahrung schmerzfrei und entsprechend gründlich kauen können (Abb. 22).

Abb. 22: Pferddentistin Jutta Biermann raspelt die scharfkantig gewordenen Molaren (Backenzähne) eines achtjährigen Esels.

! Ein Pferdedentist sollte mindestens einmal im Jahr hinzugezogen werden, das Gebiss kontrollieren und scharfe Zahnkanten, Zahnhaken oder Fehlstellungen gegebenenfalls korrigieren.

Esel haben einen relativ kleinen Magen, der nicht zu lange „stillstehen" sollte, da sie ansonsten schnell unter Magengeschwüren leiden. Eine Fresspause, die sich über ein bis zwei Tage erstreckt hat, weil der Esel z. B. wegen zu starker Schmerzen nichts zu sich nehmen wollte, kann u. a. Hyperlipidämie auslösen. Bei dieser Diagnose wird zu viel körpereigenes Fett auf einmal freigesetzt, was die Leber nicht verarbeiten kann und der Esel stirbt innerhalb kürzester Zeit.

EXKURS

Das musste ich leider im Sommer 2013 bei einem meiner eigenen Esel erleben. Unsere Eselstute hatte einen schmerzhaften Arthritis-Schub im rechten Sprunggelenk und fraß über drei Tage recht wenig. Obwohl sie nicht zu dick war, reichte es aus, dass die Hyperlipidämie ihren Lauf nahm.

Eine träge Darmtätigkeit kann zu einer Kolik führen. Gut vorverdaute, eselgerechte Nahrung und ausreichende Bewegung beugt diesem Problem vor. Sind also „Kau- und Laufwergzeug" in Schuss, ist das die halbe Miete.

1.6 Wesen und Kommunikation der Esel

Abb. 23: Esel laden zum Kuscheln ein.

Esel sind unter den pferdeartigen Vertretern die besonnensten und neigen selten zu nervösen Ausbrüchen. Diese Eigenschaft ist beim Einsatz des Esels bei tiergestützten Angeboten von Vorteil.

Die Tatsache, dass Esel ein ansprechendes Äußeres haben und auch noch kontaktfreudig sind, ermutigt selbst zurückhaltende und gar ängstliche Menschen, das flauschige Fell berühren zu wollen (Abb. 23).

In einer Eselherde gibt es kein klassisches Leittier. Esel verlassen sich nicht gerne auf andere, sondern machen selbstständig ihre eigenen Erfahrungen und bauen darauf auf. Jungtiere vertrauen für gewöhnlich ihren Müttern und folgen diesen, aber Eselfohlen setzen sich schon recht früh mit ihrer Umwelt und den vermeintlichen Gefahren auseinander und trotten nicht so selbstverständlich ihren Müttern hinterher.

Jeder kennt den markanten Iah-Ruf, doch dieser macht in der Kommunikation der Esel nur einen kleinen Teil aus. Meist nutzen sie die Körpersprache. Dabei verraten ein peitschender Schwanz (Stress), zusammengekniffene Lippen (Unbehagen) oder ein aufgewölbter Rücken (Schmerzen) schon eine ganze Menge über die Gemüts- oder Körperverfassung. Am deutlichsten zu erkennen ist das Ohrenspiel – die langen Ohren sind kaum zu übersehen:

- Spitz nach vorn gerichtete Ohren deuten darauf hin, dass der Esel seine ganze Aufmerksamkeit/Neugier auf etwas lenkt, was vor ihm stattfindet (Abb. 24).
- Nach hinten gedrehte Ohren mit kurzer Maulspalte und harter Unterlippe können Missmut anzeigen, z. B. wenn ihm ein Mensch respektlos im Gesicht tätschelt.

Abb. 24: Der eine Esel „spitzt" die Ohren und richtet seine ganze Aufmerksamkeit nach vorn, die anderen beiden Esel dösen im Stehen und lassen entspannt die Ohren hängen.

- Nach hinten gedrehte Ohren mit entspanntem Maul und erhobenen Kopf deuten darauf hin, dass der Esel etwas von hinten kommend wahrnimmt, z.B. Kommandos, die der Fahrer vom Kutschbock aus ruft.
- Seitlich hängende Ohren gepaart mit hängender Unterlippe und leicht gesenktem Kopf verraten, dass dieser Esel vollkommen entspannt ist (Abb. 24).
- Liegen die Ohren am Mähnenkamm an und der Esel streckt seinen Kopf nach vorn und fletscht dabei auch noch die Zähne, ist Vorsicht geboten. Dieser Esel zeigt sich aggressiv und wird vermutlich gleich angreifen.

Esel sind auf visuelle Signale spezialisiert. Sie sind versierte Beobachter und reagieren auf unsere Körpersprache sensibel. Hier sind sie uns weit überlegen, da wir Menschen unsere Körpersprache nur noch unterschwellig wahrnehmen und der Worterkennung eine größere Bedeutung beimessen. Dabei nehmen wir laut Albert Mehrabian (2007) tatsächlich nur 7% über den sprachlichen Inhalt wahr (Brief oder E-Mail), 38% macht unsere Stimmlage aus (Telefonat) und 55% erkennen wir über die Körpersprache (wenn wir uns sehen).

1.7 Verhalten der Geschlechter – Herdenzusammensetzung

Abb. 25: In dieser Herde herrscht gerade Futterneid, denn Hafer wurde auf der Wiese verstreut. Einige Esel versuchen, die anderen kopfzuckend und laut fauchend zu beeindrucken.

Esel, v.a. Hengste, sind ziemlich triebhaft (Abb. 25). Ein augenscheinlich braver Eselhengst kann sich beim Anblick einer Stute (egal ob Esel, Maultier, Pony oder Pferd) „vergessen" und wird unkontrollierbar. Wenn der Hengst auch noch unausgelastet ist, kann diese Situation für alle Beteiligten gefährlich werden (Abb. 26). Auch wenn Esel zu den Fluchttieren zählen und somit keine Reißzähne zum Angreifen besitzen, kann ein Eselhengst sich in ein Tier oder auch einen Menschen verbeißen und nicht mehr loslassen.

TIPP

Ich empfehle, keine Hengste im gesamten tiergestützten Bereich einzusetzen, wenn Sie Unfälle vermeiden möchten.

Eselhengste sind natürlich wichtig, denn ohne Hengste gäbe es keine Fohlen. Aber sie müssen artgerecht gehalten und konsequent beschäftigt werden.

Artgerechte Haltung besagt, dass der Hengst unter seinesgleichen lebt und die Stuten ihn „nur" besuchen. Denn Eselhengste halten sich keinen Harem. Wildeselhengste leben territorial oder in Junggesellengruppen und gehen daher auch nicht auf die Suche nach dem anderen Geschlecht, sondern decken Stuten erst, wenn diese ihr Terrain durchqueren. Dies muss auch in der Haltung unbedingt berücksichtig werden.

> **!** Eselhengste, die Stuten „zur freien Verfügung" um sich haben, neigen dazu, diese immer wieder zu decken. Die Folgen sind verstörte und verängstigte Stuten, gefolgt von Verletzungen und Fehlgeburten.

Abb. 26: Der klassische Eseltritt – gezielt dem Gegner vor die Brust gesetzt.

Beschäftigung bedeutet, dass ein Hengst daher regelmäßig seinen Trieb mit Stuten ausleben kann. Ist eine Stute erst einmal tragend, wird sie bis zur Geburt ihres Fohlens (12 bis 14 Monate) kein Interesse mehr am Hengst haben. Ein Hengst braucht übers Jahr verteilt viele verschiedene paarungsbereite Stuten, die ihn besuchen kommen, damit er sie decken kann.

Eselstuten kommen alle drei bis vier Wochen ganzjährig in die Rosse und sind dann durch Eselhengste, aber auch Eselwallache sehr leicht ablenkbar. In dieser Zeitspanne (ca. eine Woche) können sie lästig sein und „zickig" werden.

Eselfohlen, die mit der Flasche aufgezogen wurden, sind häufig fehlgeprägt. Der Kontakt zum Menschen war über einen langen Zeitraum zu eng und der nötige Respekt fehlt. Bei geschlechtsreifen männlichen Tieren bedeutet das, dass sie den Menschen entweder als deckfähige Stute betrachten oder als Rivalen einstufen – Probleme, die nicht unterschätzt werden dürfen.

Ein Wallach wird eine rossige Stute, die ihn aufdringlich auffordert, sie zu begatten, zwar decken, doch seine Triebhaftigkeit hält sich in Grenzen. Wallache entladen ihre Energie für gewöhnlich, indem sie z. B. miteinander Nachlaufen spielen.

TIPP

Bei der Herdenzusammensetzung ist es von Vorteil, sich für ein Geschlecht zu entscheiden.

Damit wird der Trieb in der Gruppe minimiert. Wobei reine Stutenherden selbst dazu neigen, in Rossezeiten gegenseitig aufzuspringen. Eine reine Wallachgruppe hingegen ist angenehm spielfreudig, aber nur selten triebhaft (Abb. 27).

TIPP

Es ist sinnvoll, in der Herde eine gerade Anzahl an Eseln zu halten, da sich Esel für gewöhnlich paarweise finden.

Hält man drei, fünf oder sieben Esel, wird ein Esel immer das „fünfte Rad am Wagen" sein.

Einen Miniesel mit einem Großesel zusammen zu halten, ist zwar möglich, wird aber z. B. bei der täglichen Fütterung schwierig. Teilt man so viel Futter zu, dass der Große satt wird, wird der Kleine zu dick, und wenn der Kleine satt wird, muss der Große hungern.

Das Alter der Esel darf in der Herde zwar voneinander abweichen, aber wenn ein noch sehr junger und ein alter Esel, der vielleicht erste Alters-

Abb. 27: Diese beiden Eselwallache tragen ihren geliebten Motorradreifen im Schnee spazieren. Das Zieh- und Zerrspiel kann gut und gerne bis zu einer halben Stunde andauern.

erscheinungen zeigt, zusammenstehen, werden diese beiden sich nicht gut ergänzen. Auch eine reine „Kindergartentruppe" ist vor allem für Eselhalteranfänger keine gute Lösung. Die jungen Esel benötigen durchaus auch erwachsene Esel, die sie auf natürliche Weise „erziehen".

Normal sozialisierte Esel benötigen andere Esel, um sich in einer Herde entfalten zu können. Einen einzelnen Esel mit Pferden, Ponys, Schafen oder Ziegen zusammen zu halten, wird immer auf Kosten des Esels gehen. Denn auch wenn Esel artübergreifende Sprachen mit der Zeit verstehen lernen können, möchten Sie natürlich lieber unter ihresgleichen leben wollen. Als eingeschränktes Fluchttier verhalten sich Esel in manchen Situation anders als klassische Fluchttiere, und auch ihre vergleichsweise lockere Herdenstruktur gleicht nicht der strickten Hierarchie anderer Tiere, in der sich Esel nicht so gut wiederfinden und daher schlecht verstehen, warum sie sich unterordnen sollen.

1.8 Eselgrößen und Eselrassen

Abb. 28: Gescheckte Esel sind optisch zwar ein Hingucker, aber die unpigmentierten Körperpartien können u. U. auch empfindlich bzw. anfälliger für Krankheiten sein (schlechtere Hufsubstanz oder tränende und entzündete Augen).

Es gibt weltweit nur eine Handvoll eingetragener Eselrassen (Abb. 28). Die meisten finden sich in Frankreich, wo wohl die bekannteste und optisch außergewöhnlichste Rasse ihr Zuhause hat: der Baudet du Poitou. Diese Poitou-Esel sehen allerdings stabiler aus, als sie es in Wahrheit sind. Das Fell kaschiert häufig einen zarten Körperbau, der mangels seriöser Zucht eventuell noch nicht einmal besonders belastbar ist (Abb. 29).

Der Âne de Provence – der Provence-Esel – wurde ursprünglich als Schutzesel für Schafherden genutzt. Die Eigenschaft, Wölfe besonders aggressiv anzugehen, wurde hier selektiert.

Die Miniaturesel wurden einst in Sizilien beim Weinanbau eingesetzt. Ihre trittsichere Geschicklichkeit auf den terrassenartigen Hängen machte die Arbeit für die Winzer viel leichter (Abb. 30).

Abb. 29: Poitou-Esel im traditionell verfilzten Rasta-Look. Viele Halter gehen inzwischen jedoch dazu über, das Fell zu bürsten und zu pflegen.

Esel, die keiner Rasse angehören, werden in verschiedene Größen eingeteilt. So spricht man vom Miniesel, Zwergesel, Hausesel und Großesel (Abb. 31). Diese Einteilung ist aber je nach Land unterschiedlich. In Deutschland gibt es vom Verein Deutscher Zuchtverband für Esel e.V. (2016) eine Gruppierung der Eselgrößen:

- Sektion A: 80 cm bis 100 cm,
- Sektion B: 101 cm bis 120 cm,
- Sektion C: 121 cm bis 138 cm,
- Sektion D: ab 139 cm.

Abb. 30: Mit einem Miniesel querfeldein im Wald Pilze sammeln, ist eine schöne Win-win-Situation.

Weiterführende Informationen

Weitere Informationen dazu finden Sie unter www.eselzuchtverband.de/index.php/infos.html?file=files/cto_layout/documents/1.08.08.2015.ZBO.Allge.%20Best.Deutscher%20Esel.pdf, 04.04.2018.

Abb. 31: Dieser Großesel genießt mit entspannt hängender Unterlippe sichtlich die Zuwendung seiner Besitzerin.

1.9 Vor- und Nachteile: Esel in tiergestützten Interventionen

Esel sind unumstritten für den Einsatz bei tiergestützten Aktivitäten geeignet. Ihre überzeugenden Stärken sind Vorsicht, Neugier, Gelassenheit, Geduld und Intelligenz. Darüber hinaus sind Esel, sofern sie keine anderweitigen Erfahrungen gemacht haben, kontaktfreudig und kinderlieb. Sie zeichnen sich außerdem durch folgende Punkte aus:

- Auf Trekkingtouren können sie auch in unwegsamerem Gelände sicher das Gepäck tragen.
- Sie ziehen souverän eine Kutsche und können auch mehrspännig gefahren werden.
- Ein Feld pflügen oder Baumrückearbeiten meistern Esel bei angemessenen Bedingungen mit Freude.
- Kleine Tricks und zirzensische Lektionen lernen sie mit viel Vergnügen, und einige führen das Erlernte auch stolz vor Publikum auf.

TIPP

Die Zusammenarbeit mit Menschen ist für Esel eine willkommene Beschäftigung – je vielseitiger, desto besser! Denn nichts trübt ihr Gemüt mehr als Langeweile.

Natürlich gibt es auch Punkte, die man beim Einsatz von Eseln in der tiergestützten Arbeit beachten muss: Wie in Kapitel 1.7 erklärt, sind diese Tiere recht triebgesteuert. Auch die Belastbarkeit ist nicht mit der von Pferden oder Ponys gleichzusetzen.

TIPP

Ein gesunder, gut gebauter und trainierter Esel (sprich: gut bemuskelt, nicht zu dick) kann maximal ein Fünftel seines Gewichtes tragen, ohne, dass es ihm auf Dauer schadet. Damit Ihre Esel den Spaß an der Zusammenarbeit nicht verlieren, rate ich Ihnen, Ihre Tiere höchstens mit nur einem Siebtel ihres Gewichtes zu belasten. Dabei müssen Sie auch darauf achten, dass Ihre Esel nicht zu dick werden. Übergewicht muss von dieser Ein-Siebtel-Regel abgezogen werden, da er an dem eigenen Gewicht auch zu tragen hat.

Das Gewicht des Esels in einem gesunden Maß zu halten, ist nicht immer leicht, da sie als Halbwüstentiere ständig auf der Suche nach Nahrung sind: Wer weiß, wann und wo es wieder etwas Futter gibt?

! Die IGEM (Interessengemeinschaft für Esel- und Mulifreunde in Deutschland e.V.) empfiehlt, dass ein korrekt gebauter, gut durchtrainierter und bemuskelter wie auch gesunder Esel auf Dauer nicht mehr als 20 % (besser weniger) des Eigengewichtes tragen sollte. Bei großen Eseln kann sich die Traglast sogar bis auf 12 % des Eigengewichts reduzieren (www.esel.org, 21.11.2018).

Ein weiterer Nachteil ist, dass Esel ungemütlichem Wetter wie Regen, Sturm oder Kälte gegenüber sehr empfindlich sind. Unmut und Arbeitsverweigerung seitens der Tiere ist in solchen Situationen keine Seltenheit.

Es ist zwar schön, wenn Esel gut miteinander befreundet sind, doch häufig „kleben" sie zu stark aneinander. Selbst kurzzeitige Trennungen werden dann schwierig. Das ist ein nicht ganz unerheblicher Punkt, der sich zwar trainieren lässt, aber oft ein langwieriger Weg ist.

1.10 Welcher Esel sich besonders gut für die tiergestützte Arbeit eignet

Ich werde immer wieder gefragt, ob es Zufall ist, dass ich eine reine Wallachgruppe halte (Abb. 32). Ich erkläre dann, dass das eine ganz bewusste Entscheidung von mir war.

In der Donkey Sanctuary in England (eines der größten Tierasyle für Esel) werden ausschließlich Wallache für tiergestützte Interventionen eingesetzt. Diese ausgesuchten Eselwallache leben auch nicht mit den Stuten zusammen, sondern werden separat in einer Gruppe gehalten.

Weiterführende Informationen

Mehr Infos zum Donkey Sanctuary finden Sie im Internet unter www.thedonkeysanctuary.org.uk (05.11.2018).

Hat der Esel das Lebensalter von zehn Jahren erreicht, ist er nicht nur vollends ausgewachsen, sondern auch geistig sehr gefestigt und er entwickelt sich zu einem wundervollen Partner.

Abb. 32: Meine vier Wallache im Winter 2017 – vom Zwergesel mit einem Stockmaß von 103 cm (links) bis hin zum Hausesel mit einem Stockmaß von 125 cm (zweiter Esel von rechts).

Welche Eselgröße man bevorzugt, hängt von den Zielen ab. Miniesel sind für Kinder gut geeignet, da sie ihnen auf Augenhöhe begegnen. Möchte ein Kind jedoch reiten, sollte dieser Esel größer und stabil gebaut sein. Ein Großesel hat zwangsläufig auch eine große Schrittlänge. Kinder können unter Umständen bei dem Tempo nicht Schritt halten. Wird der Großesel allerdings geritten, ist dieser Wiegeschritt angenehmer als der kurze Schritt eines kleineren Esels.

Esel mit langem Fell (z. B. die Poitou-Esel) sind pflegeintensiv. Ist das Fell unter dem Sattel oder dem Kutschgeschirr verfilzt, sind Druck- bzw. Scheuerstellen vorprogrammiert.

Esel, die zu stark von der Wildform abweichen, haben größtenteils zuchtbedingt leider auch ihre Schwächen. Die kleineren Esel leiden häufig recht früh schon an Arthrose, haben Gebissanomalien und verfetten schnell. Bei den Großen stimmt oft das Verhältnis der zu kleinen Hufe zur Körpergröße bzw. –masse nicht. Zusätzlich sind die mangelhaften Gelenke, Bänder, Sehnen und Knochendichte zumeist Schwachstellen, die die Leistungsfähigkeit massiv einschränken. Viele Großesel sind dadurch weniger belastbar als z. B. ein gut gebauter Esel um die 120 cm.

TIPP

Ich empfehle einen zehnjährigen Wallach mit einem Stockmaß um die 120 cm. Er ist ein grandioser Allrounder, der vielseitig einsetzbar ist (Abb. 33):

- Beim Trekking ist er nicht zu schnell und nicht zu langsam.
- Kleine Kinder können ihn reiten.
- Er ist auch für Erwachsene, z. B. bei der Fellpflege, „bedienerfreundlich".
- Er macht vor der Kutsche eine gute Figur und kann kräftemäßig auch einspännig gefahren werden.
- Er kann sich in engeren Räumlichkeiten trotzdem bequem drehen und wenden.
- Seine Größe ist für unsichere Menschen noch nicht furchteinflößend.
- Zubehör (Packsattel, Halfter usw.) ist für sein Stockmaß gut zu erwerben.

Abb. 33: Eselwallach Ephraim ist mit seinen 121 cm Stockmaß unser Allrounder. Da die Gummistiefel des Mädchens zu groß waren und immer von den Füßen rutschten, bevorzugte sie es, sich ohne Schuhe vom Esel tragen zu lassen.

2 Grundlagen der tiergestützten Arbeit mit Eseln

Was bedeutet überhaupt tiergestützte Arbeit? Einige Menschen retten Tiere, die in Not geraten sind. Aber auch umgekehrt helfen uns Tiere in schweren Lebenslagen immer wieder auf die Sprünge. Tiere tragen oft zur Heilung oder zumindest meist zur Linderung mancher Symptome bei – sei es bei physischen, psychischen und/oder neurologischen Erkrankungen sowie bei seelischen, körperlichen und/oder geistigen Behinderungen. Durch Tiere treten viele positive Wirkungen auf, die vielleicht nicht immer akribisch geplant waren, sondern eher zufällig entstanden sind, aber auf diese Weise einen angenehmen Effekt haben.

2.1 Definition und Terminologie tiergestützter Aktivitäten

Tiere sind natürlich keine Therapeuten im klassischen Sinne, so wie wir es beim Menschen bezeichnen würden. Sie werden eher als Unterstützung eingesetzt und erfüllen damit einen ausgezeichneten Zweck. „Tiergestützte Therapie" ist als Schlagwort in aller Munde, aber wie definiert sie sich?

DEFINITION

Tiergestützte Intervention (TGI) ist der Oberbegriff für alle Formen tiergestützter Tätigkeiten. Folgende Hauptkategorien werden unterschieden:

- **TGA** = **t**ier**g**estützte **A**ktivitäten,
- **TGF** = **t**ier**g**estützte **F**ördermaßnahme,
- **TGP** = **t**ier**g**estützte **P**ädagogik,
- **TGT** = **t**ier**g**estützte **T**herapie.

Tiergestützte Aktivitäten (TGA): TGA haben kein bestimmtes Förderziel. Tiere werden bei Aktivitäten artgerecht eingesetzt. Dabei geht es lediglich um eine gemeinsame Aktivität von Menschen mit Tieren: z.B. Besuch auf dem Eselhof, Esel pflegen, Esel füttern, Eselwanderung durch den Wald (Abb. 34).

Tiergestützte Fördermaßnahmen (TGF): TGF sind Handlungen, die die Lebensqualität steigern. Sei es durch Motivation, Erholung oder Bildung. Meist werden tiergestützte Fördermaßnahmen von Laien durchgeführt und haben keine therapeutische oder pädagogische Orientierung. Viele Tierbesitzer bieten z.B. ihren Besuch im Seniorenheim ehrenamtlich an.

Abb. 34: Eine Eselwanderung ohne Förderziel ist eine tiergestützte Aktivität.

Tiergestützte Pädagogik (TGP): TGP findet man bei Ausbildungseinheiten in pädagogischen Bereichen, wo Tiere ganz gezielt eingesetzt werden. Vor allem bei der sozialen Entwicklung sind Tiere sehr dienlich und können den professionellen Pädagogen daher bestens unterstützen. Es finden regelmäßige Termine statt und häufig leben die Esel sogar in den Einrichtungen. Die pädagogische Intervention wird vorab gezielt geplant und durch Dokumentation, Reflexion und Auswertung ausgeführt.

Tiergestützte Therapie (TGT): TGT ist ein zielgerichteter Eingriff, in der ein Tier mit spezifischen Eigenschaften in einen therapeutischen Behandlungsprozess einbezogen wird. Auch hier wird die Intervention vor der Durchführung geplant. Am Ende erfolgt eine wissenschaftliche Auswertung und kann daher auch nur von ausgebildeten Therapeuten (z. B. in der Ergo-, Körper-, Alten- oder Sprachtherapie) durchgeführt werden.

EXKURS

Ich persönlich habe keinerlei Ausbildung in pädagogischen Bereichen und erst recht keine therapeutische Laufbahn absolviert. Mein Steckenpferd ist die Verhaltensforschung – vor allem bei Tieren. Daher kenne ich meine Tiere in allen Lebenslagen und habe, als mich vor Jahren die erste Anfrage zu einer Gemeinschaftsarbeit mit einem Krankenhaus erreichte, unsere „Rasselbande" dahingehend ausgebildet. Im Großen und Ganzen biete ich also die unterschiedlichsten tiergestützten Aktivitäten an. Wenn das Angebot in Richtung Pädagogik oder Therapie geht, begleiten mich daher immer dementsprechend ausgebildete Menschen – Klinikclowns, Lehrer, Therapeuten, Ärzte. Meinen Part sehe ich in diesem weiten Feld vor allem darin, dass unsere Tiere Spaß an der Arbeit mit Menschen haben und diesen auch beibehalten sollen ***(Abb. 35)***.

Wenn man sich mit den tierischen Individuen nicht bestens auskennt, der menschliche Ehrgeiz oder gar die finanzielle Habgier zu groß sind, werden Tiere schnell körperlich und geistig überfordert. Mahatma Gandhi formu-

Abb. 35: Unterwegs trifft man immer wieder auf leuchtende Augen, die ganz hingerissen vom Esel sind.

lierte dazu einen Satz, der beherzigt werden sollte: „Die Welt bietet genug für jedermanns Bedürfnisse, nicht aber für jedermanns Gier".

Da Tiere der Sinn meines Lebens sind, würde ich niemals etwas bewusst mit ihnen anbieten, von dem ich weiß, dass es ihnen schaden wird. Ich genieße es vielmehr, dass ich mit ihnen, die ich über alles liebe, anderen Menschen helfen kann (Abb. 35).

Dass tiergestützt auch immer tiergeschützt sein muss, ist ein Aspekt, den ich äußerst wichtig finde, und der in den neu entdeckten alternativmedizinischen Behandlungsmaßnahmen unbedingt umgesetzt werden muss, frei nach Astrid Lindgren: „Man kann in die Tiere nichts hineinprügeln, aber man kann manches aus ihnen herausstreicheln".

2.2 Wie Esel auf Menschen wirken

Wenn Interessenten zu mir kommen, stelle ich gerne die Frage, warum sie sich für eine Aktivität mit Eseln entschieden haben. Oft wird mir von Vertretern des weiblichen Geschlechts gestanden, dass sie Pferde angsteinflößend finden, da sie so groß und unberechenbar wären (Abb. 36). Männer sehen in Eseln eher einen komfortablen Nutzen, da sie bei Wanderungen das Gepäck tragen können.

Aber auch das äußere Erscheinungsbild der Esel ist ein wichtiger Punkt, der immer wieder zur Sprache gebracht wird:

Abb. 36: Esel wirken beruhigend auf viele Menschen, die oft gern das flauschige Fell berühren möchten.

- „Die sehen so kuschelig aus."
- „Die sind so weich."
- „Die sind nicht so groß."
- „Die haben so schöne, lange Ohren."
- „Die Augen sehen aus, als seien sie perfekt geschminkt." (Abb. 37)

Unter dem Strich finden wir Menschen Esel eher knuffig und süß als edel oder schön. Die letzteren Attribute haben Pferde für sich gepachtet (Abb. 38).

Abb. 37: Die sogenannte Eselbrille empfinden manche Menschen auch als perfektes Make-up.

Seltener werden die Charaktereigenschaften thematisiert. Sicher, manch einer fragt vor einer Wanderung, was wir machen, wenn der Esel plötzlich nicht mehr weiter will. Denn es ist ja allgemein bekannt, dass Esel diesen Wesenszug innehaben. Dann erkläre ich, dass meine Esel das nicht tun werden, da es keinen Grund geben wird, sich komplett zu verweigern.

Abb. 38: Einen Esel möchte ein jeder gerne drücken und liebhaben.

So komme ich mit meinen Kunden schnell ins Gespräch und erkläre, warum Esel bei Gefahr stehenbleiben. Dass wir Menschen diese Gefahr nicht immer mit Eseln teilen und oft sogar nicht einmal wahrnehmen, ist schlussendlich der Punkt, warum ein stehengebliebener Esel uns Rätsel aufgibt. Wenn man aber gelernt hat, mit Eselaugen durch die Welt zu gehen, wundert es einen kaum, wenn Esel schon einmal stutzenderweise verharren, um eine Situation genauer zu erfassen. Übt man aus Ungeduld oder Unverständnis in diesem Moment Druck auf Esel aus, machen sie in der Tat dicht.

> **!** Gibt man Eseln Zeit, sich mit dem Problem, das sie gerade beschäftigt, auseinanderzusetzen, werden sie das dankend zu Kenntnis nehmen und alsbald weiter folgen!

Die Tatsache, dass Esel dazu neigen vermehrt mit „Köpfchen" als mit Kraft zu kommunizieren, ist vor allem für unerfahrene Menschen ein Sicherheitsaspekt. Denn wenn Esel stehenbleiben, kann nichts Schlimmes passieren. Reißt ein Tier sich jedoch vom Menschen los oder wird vom ihm angerempelt oder gar z. B. auf die Straße weggedrängt, kann das gefährlich werden.

Es kommen auch Gäste zu mir, die bereits einiges über Esel wissen und mir stolz erklären, dass die Langohren viel klüger als Pferde sind (Abb. 39). Innerlich muss ich dann immer ein wenig schmunzeln. Ja, solche Aussagen kann man sicher in den Medien hören und lesen. Ich freue mich natürlich, wenn das angeknackste Image des Esels dadurch aufpoliert wird, dennoch denke ich, dass man erst einmal den Begriff „Intelligenz" eindeutig definieren sollte, bevor man solche Vergleiche anstellt.

Abb. 39: Es wirkt so, als wolle Esel Abraham dem Kursteilnehmer beim Ausfüllen des Esel-Fragebogens die richtigen Antworten „zuflüstern".

Persönlich bin ich der Meinung, dass es keine dummen Tiere gibt, sondern dass jede Art die perfekte Intelligenz für ihr Überleben entwickelt hat.

Abb. 40: Pferdehaarallergiker „satteln" gerne auf den Esel um.

Vereinzelt habe ich auch Interessenten, die auf Pferde allergisch reagieren und aus dem Grund, im wahrsten Sinne des Wortes, auf den Esel „umsatteln" wollen. Und es ist was Wahres dran. Esel sind antiallergisch. Wenn ein Mensch doch allergische Reaktionen zeigt, sind die Ursachen das Heu, Stroh oder der Staub im Fell, aber nicht der Esel selbst (Abb. 40).

> ! Esel bestechen durch ihr Äußeres und ihre Eigenschaft, sich dubiose Situationen durch den Kopf gehen zu lassen. Der Mensch entdeckt sich in der Regel darin wieder, hat Verständnis für das Tier und findet das letztendlich äußerst sympathisch.

Was Menschen für sich aus dem Esel „herausziehen" können:

- Menschen können den Körperkontakt zum Esel genießen.
- Der Esel nimmt die Stimmungen des Menschen wahr und reagiert darauf (Abb. 41). Der Pädagoge/Therapeut sollte ebenfalls dementsprechend darauf eingehen.
- Der Esel kann auch hilfreich in der Anbahnung der Therapeut-Patient-Beziehung sein.
- Esel werden bei guter Ausbildung ausgeglichene Partner des Menschen – eine Freundschaft zu so einem großen und starken Lebewesen stärkt das Selbstvertrauen (Abb. 42).

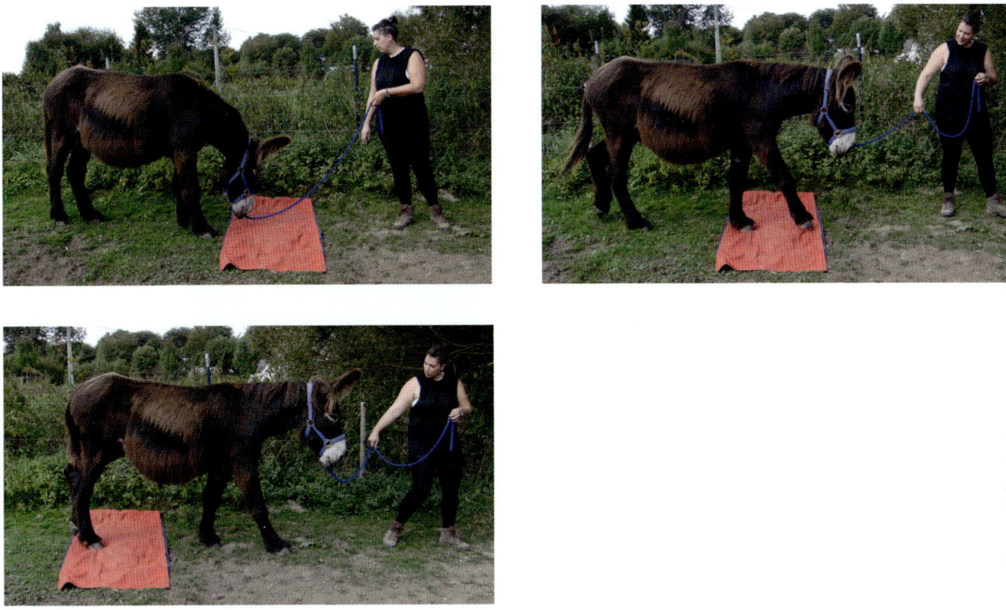

Abb. 41: Die Führerin merkt, dass der Esel etwas Zeit braucht; Wenn er sich sicher fühlt, dann folgt er ihr auch.

- Beim Eselreiten kann der Patient durch seine Bewegungen ein Gefühl des Getragenwerdens vermittelt bekommen und somit Defizite früher Entwicklungsphasen – z. B. mangelhaftes Urvertrauen – zum Teil ausgleichen.
- Die Esel wirken oft hochmotivierend, und die tierische Zusammenarbeit beugt der sogenannten „Mattenmüdigkeit“ von z. B. Kindern in krankengymnastischer Langzeitbehandlung vor.

FALLBEISPIEL

Motivationstrainer: Eine Familie aus Rotterdam hat eine dreistündige Wanderung mit meinen Eseln gebucht. Vater, Mutter und die dreijährige Tochter waren alle gut genährt und hatten sich bestens ausgerüstet. Selbst die Tochter trug hochwertige Wanderschuhe. Als wir auf der Zielgeraden waren, nahm mich der Vater beiseite und flüsterte strahlend: „Wir machen hier bereits seit einer Woche Urlaub und meine Tochter ist die ganzen Tage noch nicht so viel zu Fuß gegangen wie heute bei der Wanderung – und nicht ein einziges Wort der Klage. Es ist unfassbar, was ein Esel so alles bewirken kann."

Diese und noch viele weitere Aspekte lassen den Esel zu einem vertrauenswürdigen Partner in der Therapie werden.

Abb. 42: Durch die ruhige Art des Esels fassen Menschen schnell Vertrauen.

2.3 Biophilie

„Die Biophilie ist die leidenschaftliche Liebe zum Leben und allem Lebendigen; sie ist der Wunsch, das Wachstum zu fördern, ob es sich nun um einen Menschen, eine Pflanze, eine Idee oder eine soziale Gruppe handelt" (Erich Fromm 1974, 331).

Die Biophilie-Hypothese von Sozialbiologe Edward O. Wilson (*1929 in Birmingham) besagt, dass der Mensch eine biologisch begründete Verbundenheit zur Natur und ihren Lebewesen gebildet hat (Abb. 43). Menschen haben das Bedürfnis und die angeborene Tendenz, eine Verbindung zur belebten und unbelebten Natur aufzubauen (Olbrich 2003; Vernooij/Schneider 2013). Dr. Andrea Beetz stellt die Vermutung auf, dass die Beziehung zu (Haus-)

Abb. 43: Die leidenschaftliche Liebe zur Natur – gemeinsam mit dem Esel erleben

Tieren deshalb in letzter Zeit zunehmend an Bedeutung gewonnen hat, weil sich der Mensch dem zivilisatorischen Prozess nicht in der kurzen Zeit, in der sich Technisierung und Urbanisierung erheblich verstärkt haben, anpassen konnte. Dadurch wurden vor allem emotionale und soziale Interaktionen gestört (Beetz 2003).

Vor allem soziale Tiere – wie der Esel – sind für tiergestützte Interventionen hilfreich. Sie helfen, bereits im frühen Kindesalter gemachte Bindungserfahrungen auf das spätere emotionale und soziale Verhalten eines Menschen zu übertragen. Auch die Fähigkeit, Emotionen wahrzunehmen, zu bewerten und angemessen auszudrücken sowie Sozialbeziehungen einzugehen, werden dadurch maßgeblich geprägt (Vernooij/Schneider 2013).

Du-Evidenz

DEFINITION

Der Begriff **„Du-Evidenz"**, der 1922 von Karl Bühler (* 1879 in Meckesheim, † 1963 in Los Angeles) geprägt wurde, bezeichnet die Fähigkeit, eine andere Person als Individuum wahrzunehmen (Vernooij/Schneider 2013).

Aber auch bestimmte Tiere kann der Mensch als Partner oder Vertraute mit individuellen Eigenschaften und Qualitäten sehen.

Spiegelneuronen

DEFINITION

„Als **Spiegelneurone** werden Nervenzellen bezeichnet, die während der Beobachtung oder Simulation eines Vorgangs die gleichen Potentiale auslösen, die entstünden, wenn der Vorgang aktiv gestaltet und durchgeführt würde" (Vernooij/Schneider 2013, 12).

Wenn man z.B. einen gähnenden Menschen sieht, wird man unweigerlich selber gähnen. Es wird vermutet, dass es Menschen dadurch möglich ist, die Handlungen und Absichten anderer nachzuvollziehen. Tiere – und so auch Esel – spiegeln ihr Gegenüber und zeigen dem Menschen schnell, wie dieser sich verhält. Ist ein Mensch aufgebracht, wird der Esel vor ihm genauso aufgebracht davonlaufen und der Mensch merkt hoffentlich, dass es an ihm liegt.

„Tiere spielen im Leben von Menschen seit jeher eine große Rolle. Ob als Nutztier, als Wach- und Schutztier, als Jagdgefährte oder Spurensucher, als Haustier und als Kuschel- und Streicheltier oder als Kampf- und Provokationstier – in allen Schichten und Altersstufen sind Tiere unterschiedlicher Art und Rasse zu finden" (Vernooij/Schneider 2013, V).

Allgemeine Ziele tiergestützter Interventionen

Diese Ziele sind,

- bei Begabungen und Fähigkeiten zur Durchführung von Vorgängen Hilfe zu leisten,
- das Einbezogenwerden im Alltag oder verschiedener Lebenssituationen aufzubauen,
- mentale, physische und/oder psychische Anlagen bzw. Funktionen des Teilnehmers aufzubauen, zu fördern und bestenfalls zu erhalten,
- die Lebensqualität, Nutzbarkeit und das Wohlempfinden zu steigern,
- den Teilnehmern die Möglichkeit zur dauerhaften Änderung von Verhaltensauffälligkeiten zu geben, so dass der Mensch in unterschiedlichen Lebenslagen seinen Fähigkeiten entsprechend mitwirken, handeln und reagieren kann.

Esel und Kinder

Esel können auch wunderbare Entwicklungsbegleiter sein. Die Universität aus Wisconsin hat herausgefunden, dass Kinder, die mit Haustieren aufwachsen, seltener krank werden und weniger unter Allergien leiden (Gern et al. 2004).

Auch für Esel ist es gut, mit Kindern aufzuwachsen, denn Kinder schenken ihnen viel Aufmerksamkeit und werden Freunde fürs Leben (Abb. 44).

Abb. 44: Manchmal fühlt man sich wie der Rattenfänger von Hameln, wenn man mit einem Esel unterwegs ist, denn von überall her kommen Kinder angelaufen.

Aber nicht alle Esel sind kinderfreundlich. Vor der Anschaffung sollten Sie daher einiges über die Morphologie der Esel wissen. Und letztendlich ist es natürlich auch wichtig, die Esel und Kinder zu erziehen. Esel

- können die mentale und physische Gesundheit verbessern,
- helfen Kindern, sich besser zu sozialisieren,
- steigern das Verantwortungsgefühl bei Kindern,
- können Stress reduzieren,
- stärken Empathie und einen freundlichen Umgang,
- „locken“ Kinder ins Freie/in die Natur,
- sind geduldige und verschwiegene Zuhörer,
- widersprechen nicht,
- sind ehrlich, aber schmeicheln auch nicht,
- werten nicht nach Geschlecht, Optik, Handicap usw.,
- stellen keine unangenehmen Fragen,
- stellen keine Bedingungen.

2.4 Freizeitorientierte Angebote mit Eseln

Wenn Sie Esel halten, haben Sie auch täglich Arbeit bei und mit den Eseln: sei es, den Stall zu misten, Heu zu füttern, Äste zu besorgen, damit die Esel Holz zum Knabbern haben, Trinkwasser aufzufüllen, den Zaun in Schuss zu halten, die Esel zu bürsten, Hufe auszukratzen, mit ihnen zu schmusen usw. (Abb. 45).

Abb. 45: Auch beim Misten sind die Esel gerne in der Nähe und scheinen zu begutachten, wie gewissenhaft geputzt wird.

Diese Alltagsarbeiten, die für Sie als Besitzer in Fleisch und Blut übergegangen sind, sind für Gäste eine willkommene Abwechslung. Gerne wird man Ihnen bei diesen Tätigkeiten unter die Arme greifen.

Auch Spaziergänge mit den Eseln, auf denen Futteräste unterwegs gesammelt werden können, so dass der Esel sein Holz auf dem Packsattel selbst nach Hause trägt, ist eine schöne Freizeitbeschäftigung und ein beidseitiges Erfolgserlebnis.

2.5 Tiergestützte Angebote mit Eseln

Die Möglichkeiten, etwas mit dem Esel anzubieten, sind multilateral und ergeben sich bei der Haltung, Pflege und Ausbildung dieser sozialen Exoten.

Tierbeobachtung

Nicht alle Menschen mögen die Berührung und betrachten Esel lieber aus sicherer Entfernung. Da Esel einerseits ein soziales Miteinander leben, aber andererseits auch sehr selbstständig Entscheidungen treffen, ist es oft spannend, die Herde z. B. bei der Fütterung oder beim Spielen zu beobachten (Abb. 46).

Kuscheln

Für die Menschen, die gerne ins flauschige Fell greifen und unermüdlich streicheln wollen, sind Esel dankbare Geschöpfe. Ich selber habe z. B. von der Idee, mir Neuweltkameliden (Lamas und Alpakas) anzuschaffen, Abstand genommen, weil es in der Regel Tiere sind, denen man keinen Gefallen damit tut, wenn man sie unentwegt streicheln möchte. Das entspricht nicht ihrem natürlichen Verhalten. Esel hingegen kriechen förmlich in einen hinein und saugen diese Streicheleinheiten regelrecht auf.

Abb. 46: Bei der Tierbeobachtung kann man z. B. sehen, wer mit wem befreundet ist und wie der Kontakt aufgenommen wird.

Pflegen

Für Menschen, die gerne alles hegen und pflegen möchten, sind Esel ebenfalls bestens geeignet, denn bei dem Esel als einstigem Wüstenbewohner müssen Sie Pflegemaßnahmen ergreifen (z. B. tägliches Hufeauskratzen), die beim Pferd nicht so stark ins Gewicht fallen (Abb. 47).

Abb. 47: Das Bürsten dient weniger der Sauberkeit, sondern vielmehr dem sozialen Kontakt. Diese Pfadfinder nehmen in der Form erste Tuchfühlung zum Esel auf.

Bauen

Menschen mit handwerklichen Talenten können sich im Stallbau oder der Fertigung eines ausbruchsicheren Zauns verwirklichen. Aber auch Raufuttersysteme (z. B. Raufe) können ideenreich gestaltet werden.

Einen Trailparcours für Esel anzufertigen, ist eine schöne Herausforderung – oder auch die Gestaltung eines Rundgangs auf dem Gelände, so dass die Esel weite und knifflige Wege über verschiedene Bodenuntergründe zum Raufutter, Salzleckstein und dem Wassertrog zurücklegen müssen (Abb. 48).

Abb. 48: Diese Futtermaschine, aus der kleine Möhrenstückchen kullern, kann man ganz leicht selbst bauen.

Futter zubereiten

Die Vorbereitung der täglichen Futterrationen ist die eine Sache, aber man kann das Futter natürlich auch selbst anbauen, Heu und Stroh selbst sähen und später mähen oder Äste sammeln, Möhren und rote Beete anpflanzen (Abb. 49).

Abb. 49: Das Futter muss mehrmals täglich portioniert werden und kann, wie hier, in einem Heunetz angeboten werden.

Führen

Sind die Esel entsprechend ausgebildet, spricht nichts dagegen, mit ihnen – ähnlich wie mit einem Hund – „Gassi zu gehen". Ob es ein Spaziergang oder eine längere Wanderung wird, sind Möglichkeiten, die sich entwickeln können (Abb. 50).

Abb. 50: Wenn die Esel gut ausgebildet sind, kann man auch alleine mit zwei Eseln spazieren gehen.

Reiten

Ist das Verhältnis von Mensch und Esel stimmig, werden Sie keinen Wirbelwind als Reiter unter dem Sattel haben, sondern einen souveränen Langstreckenläufer.

> Das Reiten bzw. das Sich-tragen-Lassen auf dem Esel spricht ganzheitlich die Sinne an. Es verlangt und fördert körperliche, geistige, emotionale und soziale Fähigkeiten.

Dabei steht nicht das Reiten an sich im Fokus, sondern die individuelle Förderung von Reitern mit diversen Handicaps.

Fahren

Sind Menschen nicht gut zu Fuß, oder möchten sie mehr Gepäck mitnehmen, als die Esel tragen könnten, bietet sich der Esel vor der Kutsche an. Auch hier punktet er weniger mit Schnelligkeit als mit Ausdauer (Abb. 51).

Abb. 51: Wenn mehrspännig gefahren wird, kann auch mehr Gewicht gezogen werden.

2.6 Ausbildung des Menschen in der eselgestützten Arbeit

> ! Ein Anbieter tiergestützter Interventionen, der die Beschwichtigungs- und Stresssignale der Esel nicht beachtet, erfasst sie entweder nicht oder ignoriert sie.

Beides stellt die Qualität des Angebots in Frage. Der Erfolg der Mensch-Tier-Einheit wird nicht richtig greifen können, da die Esel ganz offensichtlich Probleme haben und nicht wirklich unterstützend mitarbeiten können.

2.6.1 Expertenwissen über Esel

Abb. 52: Wenn ein Esel tagsüber liegt, sollte man sich immer fragen, ob es ihm wirklich gut geht, oder er vielleicht Schmerzen haben könnte. In diesem Fall ist das Fohlen einfach nur müde, denn es hat zuvor wild mit seinen Kumpels auf der Weide getobt.

Bei allen Angeboten mit Eseln muss immer eine Person mit dabei sein, die detaillierte Kenntnisse über die eingesetzten Eselindividuen, Haltung, Pflege, Fütterung, Charaktere, Umgang (Training), Fortpflanzung, Zucht, Krankheiten, Gift- und Heilpflanzen hat, damit gewährleistet ist, dass auch aus tierschutzrechtlicher Sicht das Projekt angeboten werden kann (Abb. 52).

> **!** Wer dieses Expertenwissen nicht hat, muss sich mit entsprechenden Eselexperten (z. B. Eseltrainer oder -züchter) zusammentun, damit gemeinsam ein Angebot erstellt werden kann, das das Wohlergehen der Esel dabei sicherstellt.

Da die meisten Aktivitäten mit Eseln in der Natur durchgeführt werden, ist es ratsam, dass sich die Begleitpersonen ein fundiertes Wissen über die heimische Flora und Fauna angeeignet haben. Hilfreich ist es, einen geeigneten Naturführer dabei zu haben, um aufkommende Fragen souverän beantworten zu können.

EXKURS

Je intensiver Sie sich mit Eseln beschäftigen und weiterbilden, desto besser für Ihre Angebote. Esel neigen z. B. in Stresssituationen zu Durchfall. Dieser kann ganz plötzlich auftreten und sich genauso schnell wieder stabilisieren. Das liegt daran, dass die sogenannten „Esel-Äpfel" erst im letzten Stückchen Darm gebildet werden. Hat der Esel jedoch Stress und muss sich schnell erleichtern, passiert der Dung den Darm, dem keine Zeit mehr bleibt, hübsche „Esel-Briketts" zu formen.

2.6.2 Qualitätsmerkmale der tiergestützten Arbeit

Die Qualität bei tiergestützten Aktivitäten steht und fällt u. a. mit der Ausbildung und Fachkenntnis der ausführenden bzw. leitenden Person. Ausgereifte Fähigkeiten – wie auch eine aus Erfahrung gewonnene Grundhaltung – sind hierbei maßgeblich von Bedeutung.

Tierbegleitende Interventionen werden zwar natürlich immer vorhersehbar geplant, doch auch unvorhersehbare Situationen und Erlebnisse müssen ebenfalls authentisch gemeistert werden.

FALLBEISPIEL

Eine stets adrett gekleidete **Dame** kam zum dritten Setting zu spät, da sie in ein Unwetter geraten ist. Ihr sonst makelloses Make-up war verschmiert. Sie war sich dessen bewusst und schämte sich, so bei mir aufzutauchen, doch noch ehe sie sich „frischmachen" konnte, versperrten meine Esel ihr den Weg und riefen mit lautem Iah. Die Dame verzagte: „Die lachen mich aus." Doch ich berichtigte: „Nein, die freuen sich." Und siehe da, die Esel ließen mich nicht im Stich und boten sich umgehend zum Streicheln an. Gerührt von dem langohrigen Empfangskomitee, verstand sie, dass ihr optisches Erscheinungsbild gar nicht so sehr von Bedeutung ist. Sie begriff, dass es wichtigere Werte im Leben gibt, als stets gut aussehen zu wollen.

Dieses Erlebnis zeigt, wie Lern- und Erkenntnisprozess beeinflusst werden können.

2.6.3 Pädagogische und/oder therapeutische Kompetenzen

Wer tiergestützte Interventionen seriös anbietet und nicht mit Fachpersonen zusammenarbeiten möchte, sollte eine entsprechende Ausbildung vorweisen können – sei es als Pädagoge, Therapeut oder Arzt.

Das setzt bei einem Setting allerdings eine Mehrfachbelastung voraus. Denn Sie möchten, dass alle auf ihre Kosten kommen. Die Teilnehmer sollen im günstigsten Fall Fortschritte erzielen, die Esel sollen den Spaß an der „Arbeit" nicht verlieren und unfallfrei möchten Sie das Angebot natürlich auch beenden. Da haben Sie als einzelne Person viel im Auge zu behalten und viele Entscheidungen zu treffen, die je nach Situation in kurzer Zeit greifen müssen. Denn die Arbeit mit Menschen und Tieren lässt sich nicht minutiös planen. Unerwartetes Verhalten von beiden Seiten kann jederzeit geschehen und dann müssen Sie die richtige Entscheidung treffen.

Es heißt „Viele Köche verderben den Brei", aber wenn ein Team gut harmoniert, erfassen vier Augen mehr als zwei. Das macht ein Setting auf alle Fälle entspannter, und wenn dann auch noch Fachkompetenzen vertreten sind (Eselexperte und Therapeut), wird das Erlebnis mit großer Wahrscheinlichkeit auch ein Erfolg (Abb. 53).

Abb. 53: Zusammenarbeit mit einer Pädagogin, die der Schülerin hilft, die modellstehenden Esel mit Kreide auf den Boden zu malen.

3 Ausbildungsstand des Esels in tiergestützten Interventionen

Je nachdem, was Sie tiergestützt mit Eseln alles anbieten möchten, müssen Ihre Esel, um Unfälle zu vermeiden, perfekt ausgebildet sein. Das Minimum stellt die Basisausbildung für jeden Esel dar, damit ein harmonisches Leben zwischen Tier und Mensch gewährleistet ist. Der Esel sollte bei Ihnen

- den Respektsabstand zum Menschen, der eine Armlänge beträgt, einhalten,
- sich streicheln und am ganzen Körper bürsten lassen,
- brav alle vier Hufe geben,
- sich ein Halfter anziehen lassen,
- sich von A nach B führen lassen,
- angebunden still stehen.

Stoßen Gäste dazu, sollte der Esel

- von Ihnen bereits aufgestellte und akzeptierte Regeln bei diesen nicht zu sehr austesten,
- sich auch von Fremden streicheln, pflegen und führen lassen,
- bei ungewöhnlicherer Körpersprache (z.B. bei gehandicapten Menschen) nicht verunsichert sein,
- einen gewissen Lärmpegel (z.B. freudige Kinder) kennen,
- ungewollt respektlose Berührungen akzeptieren – manchmal passiert so etwas schneller, als Sie einschreiten können.

Der Esel sollte ferner

- gesund sein – psychisch und physisch,

Abb. 54: Wenn Esel keine schlechten Erfahrungen gemacht haben, sind die meisten Esel sehr kontaktfreudig.

Abb. 55: Je besser die Esel ausgebildet sind, desto vielseitiger sind sie einsetzbar.

- kontaktfreudig sein – auf Menschen zugehen (Abb. 54),
- neugierig und aufgeschlossen sein – z. B. bei neuen oder ungewohnten Situationen,
- auch solo Spaß an Unternehmungen mit Menschen haben – und nicht nur mitarbeiten, wenn der beste Eselkumpel dabei ist.

Ein Plus ist natürlich, wenn Esel

- neue/fremde Zäune akzeptieren,
- stressfrei im Anhänger fahren,
- Wandererfahrung haben,
- Packsättel tragen,
- Mehrtagestouren meistern und auch in der Fremde übernachten können,
- eingeritten und/oder eingefahren sind,
- Tricks (z. B. zirzensische Lektionen) beherrschen,
- in einen Fahrstuhl einsteigen usw. (Abb. 55).

EXKURS

Einrichtungen besuchen

Sollten Sie mit Ihren Eseln Einrichtungen (Seniorenheim, Kindergarten, Blindenschule, Behindertenwerkstatt, Psychiatrie usw.) besuchen wollen, müssen sich die Esel stressfrei in einen Anhänger verladen lassen. Auch die Fahrt an sich sollten die Esel gewohnt sein, denn wenn die Tiere am Zielort ankommen, beginnt erst die richtige Arbeit. Gestresste und verschwitzte Esel wären hier fehl am Platz. Es empfiehlt sich, früh genug anzureisen, damit die Esel Zeit haben, sich zu akklimatisieren und zu erleichtern. Stubenrein bekommen Sie einen Esel für gewöhnlich nicht, und gestresste Esel neigen dazu, in kürzester Zeit Durchfall zu bekommen. Passiert so etwas in Räumlichkeiten, machen Sie sich damit keine Freunde. Die normale Hinterlassenschaft eines Esels besteht aus festen, eierbrikettförmigen Kugeln, die wenig ausdünsten und daher gut aufzufegen sind. Teppichboden ist in dem Fall also für einen Eselbesuch eher ungeeignet, obwohl er für die Hufe den idealen Gripp darstellt. Fliesen, Laminat oder Kachelböden sind zwar schön sauber zu halten, aber in der Regel zu glatt für Esel. Gehen Sie bitte nicht das Risiko ein und verlangen von Ihren Eseln, auf solche Böden zu treten. Sollte ein Esel ausrutschen und sich dabei ein Bein brechen, kann das ein Todesurteil für ihn bedeuten. Viele Einrichtungen sind allerdings genau so konzipiert, damit die Böden effizient sauber zu halten sind. Handelt es sich um einen etwas weicheren PVC-Belag (z. B. Linoleum) ist das der perfekte Kompromiss. Er hat Gripp für die Hufe und ist später leicht zu säubern. Zu glatte Flächen überwinde ich mit meinen Eseln, indem ich lange Läufer (rote Teppiche, die auf der Unterseite gummibeschichtet sind und somit rutschfest liegen) mit dabei habe und diese nach und nach ausrolle. So bin ich auf der sicheren Seite, dass meine Esel mich vertrauensvoll begleiten, und optisch wirken sie zugleich als „hoher Besuch" – der sie an diesem Tag ja auch wirklich sind.

Nicht jeder Esel geht selbstverständlich in beengte Wohnräume. Mein Seminarraum ist z. B. ein ehemaliger Stall und daher die ideale Lösung für Mensch und Esel. Den gepflasterten Steinboden kennen meine Esel bereits aus ihrem eigenen Stall. Und die Ausstattung mit Sofas, Beamer, Tischen und Kaffeemaschine ist ihnen egal (Abb. 56).

Abb. 56: Der Esel zu Besuch im Seminarraum.

3.1 Warum eine spezifische Ausbildung nötig ist

Das Wichtigste bei tiergestützten Interventionen ist, die Esel grundsätzlich zu verstehen und richtig einzuschätzen.

> **!** Sie müssen in der Lage sein, immer ein bis zwei Schritte vorauszuschauen, um zu erkennen, wie Ihre Esel gleich reagieren könnten.

Dafür müssen Sie Ihre eigenen Esel bestens kennen (lernen) und erfassen, wie diese unfallfrei eingesetzt werden können (Abb. 57). Das erfordert viel Zeit, denn die Esel in den verschiedenen Lebenslagen zu erleben, können Sie nicht wie nach einem Stundenplan abarbeiten. Dafür spielen einfach zu viele Faktoren in diversen Situationen eine Rolle. Die Esel leben außerdem draußen und im Stall und nicht wie z. B. ein Hund mit im Haus. Das bedeutet, Sie werden nicht ganz so eng den Tag/die Nacht mit Ihren Eseln verbringen wie mit einem „Haustier", das in der Tat mit Ihnen im Haus lebt.

Unterschiedliches Wetter oder die Jahreszeiten kann z. B. in ein und derselben Situation ganz andere Auswirkungen auf den Esel haben. Daher sollte

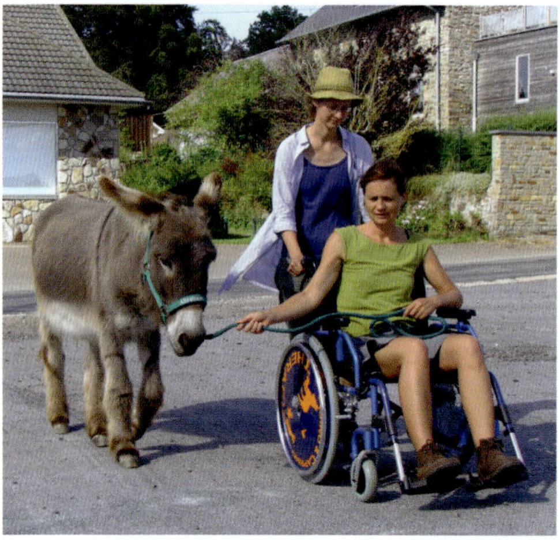

Abb. 57: Der Esel hat gelernt, korrekt neben dem Rollstuhl zu laufen.

mindestens ein Jahr mit den Eseln ins Land ziehen, damit Sie reflektieren können, wie sich was auf die Tiere auswirkt. Der Frühling weckt z. B. die Lebensgeister und damit verstärkt auch die Frühlingsgefühle. Stuten werden zwar jeden Monat rossig, doch im Frühjahr ist das Interesse am anderen Geschlecht extrem groß. Auch andere Einflüsse wirken sich auf das Verhalten der Tiere aus, z. B. wenn

- eine Stute ein Fohlen bei Fuß hat,
- das Fohlen abgesetzt oder verkauft wird,
- ein neues Tier in die Herde dazukommt,
- ein Tier erkrankt,
- ein Esel gestorben ist usw.

All das kann eine Situation, bei der sich schon Routine entwickelt hat, plötzlich komplett verändern.

TIPP

Um einen Esel z. B. bei Menschen, die im Rollstuhl sitzen, einsetzen zu können, sollte er an den Rollstuhl gewöhnt sein, und am Rollstuhl selbst sollten auch Vorkehrungen zur Unfallverhütung getroffen werden: Der Speichenschutz macht da durchaus Sinn, denn sonst kann sich der Führstrick schnell darin verheddern. Aber auch die Hufe können in die Speichen geraten, wenn der Esel nicht gelernt hat, ein wenig auf Abstand mitzugehen.

3.2 Ausbildungsmethoden

Abb. 58: Knotenhalfter sind eher ungeeignet, da diese tief einschneiden und sehr schmerzhaft für den Esel werden können.

Abb. 59: Ein maßgefertigtes Eselhalfter

Ich wüsste für Esel keine Ausbildungsmethode, die für alle zu 100 % funktioniert. Dafür sind Mensch und Tier auch einfach zu individuell. Für Pferde gibt es z. B. die Methode des „Natural Horsemanships" (kurz NHS), die als sanfte Erziehungsmethode gilt. Einige Trainer haben aus dieser Methode das „Natural Donkeymanship" entwickelt, denn wie der Name „Horsemanship" besagt, ist dies für Pferde und nicht für Esel entwickelt worden. Daher wurden einige Übungseinheiten für Esel im Vergleich zum klassischen „Horsemanship" abgeändert.

Aber auch die Methode nach Linda Tellington Jones (ebenfalls für Pferde gedacht) kann mit Abweichungen für Esel umgesetzt werden.

Und das Clicker-Training, bei dem der Esel zuerst auf einen Clicker (klickendes Geräusch) konditioniert wird und dann später den Click als positive Verstärkung versteht, ist sehr beliebt.

Ich persönlich bin allerdings keiner Methode verfallen und habe mir aus vielen verschiedenen Methoden meine persönlichen „Rosinen" herausgepickt. Wichtig ist mir bei der Ausbildung meiner Tiere, dass ich mit so wenig Druck wie möglich und vor allem ohne Schmerzen arbeite. Ein Knotenhalfter (Abb. 58), wie bei Natural Horsemanship üblich, das z. B. sehr scharf wirken kann, benutze ich daher nicht. Ich bevorzuge maßgefertigte Eselhalfter, die je nach Empfindlichkeit des Tieres im Genick und auf dem Nasenrücken mit Lammfell, weichem Leder oder mit Neopren abgepolstert sind (Abb. 59). Ich halte außerdem die Übungseinheiten kurz und beende das Training immer mit etwas Positivem.

Weiterführende Informationen

Weitere Informationen zur Maßanfertigung von Halftern finden Sie bei z. B. Renate Riedle (www.haltershop.de, 19.11.18) oder Oliver Golm (www.halfter-manufaktur.de, 19.11.18). Mit beiden Anbietern habe ich sehr gute Erfahrungen gemacht.

Abb. 60: Diesem vernarbten Esel wurde in der Vergangenheit übel mitgespielt. Daher ist es hier besonders wichtig, durch viel Lob sein Vertrauen zum Menschen wieder zu stärken.

EXKURS

Positive Verstärkung

Von dem Grundsatz der Redensart „Nicht geschimpft ist gelobt genug“ halte ich nicht viel. Genau das Gegenteil praktiziere ich: Alles, was in die richtige Richtung geht und gut funktioniert, wird von mir gelobt. Wenn etwas nicht so verläuft, wie ich es erwartet hatte, bleibe ich neutral und halte den Mund. Und nur wenn der Esel sich einer bestehenden Regel widersetzt, gegebenenfalls mir gegenüber sogar respektlos wird, sage ich laut und deutlich „nein“. Auf diese Weise habe ich einen motivierten Esel, der gerne etwas von und mit mir lernen möchte (Abb. 60).

3.3 Leckerlis

Sie sollten sich darüber im Klaren sein, dass Eselzähne ziemlich gefährlich sein können. Auch wenn Eseln kein Raubtiergebiss mit spitzen Reißzähnen gewachsen ist, steckt viel Kraft in einem Eselkiefer. Die Verletzungsgefahr kann bis hin zu abgebissenen Fingern gehen, wenn Esel nach Leckerlis grabschen. Ich bin grundsätzlich ein Leckerligegner und setze diese Belohnungshappen bei all meinen Tieren, die ich bis dato ausgebildet habe (Hund, Katze, Gans, Ziege, Pferd, Schaf, Esel usw.) niemals ein.
Bei einem Hund als Prädator kann etwas zu Fressen als Lob noch Sinn machen, da er von Natur aus bei der Jagd Beute macht und somit Futter als Belohnung kennt.

> **!** Ein Pflanzenfresser, wie der Esel, versteht gar nicht, dass ein Leckerli eine Belohnung sein soll. Diese Verbindung muss dem Esel erst einmal beigebracht werden. Wer Leckerlis nicht zu 100 % konsequent einsetzt, wird am Ende mehr Schaden als Nutzen haben.

Mit Leckerlis zu arbeiten, schafft am Ende meistens mehr Probleme als Nutzen. Der Esel

- hofft auf das Leckerli – bleibt es aus, ist der Esel frustriert,
- hat u. U. Futterneid, wenn Leckerlis in der Herde verteilt werden – es entsteht Streit in der Herde (Abb. 61),
- sucht nach Leckerlis – in Jackentaschen,
- fordert Leckerlis – indem er bettelt,
- zeigt u. U. ungefragt Tricks – in der Hoffnung, ein Leckerli zu bekommen (kommt vermehrt bei der Methode des Clicker-Trainings auf).

TIPP

Ein Lob durch sozialen Kontakt (z. B. ein Kraulen an der Brust, hinter den Ohren oder eine Massage an der Schulter, Abb. 62) ist für Esel einleuchtender als Futter.

Abb. 61: Nicht ganz ungefährlich, mit einem Eimer Kraftfutter in einer Eselherde zu stehen. Es entstehen Futterneid und Stress und die Esel rangeln teils rücksichtslos um das begehrte Futter.

Esel untereinander würden sich nicht gegenseitig eine Möhre geben oder diese brüderlich teilen. Nein, eher im Gegenteil: Sie gönnen dem anderen solches Vorzugsfutter nicht. Aber Esel pflegen sich untereinander und diese Belohnung verstehen sie sofort.

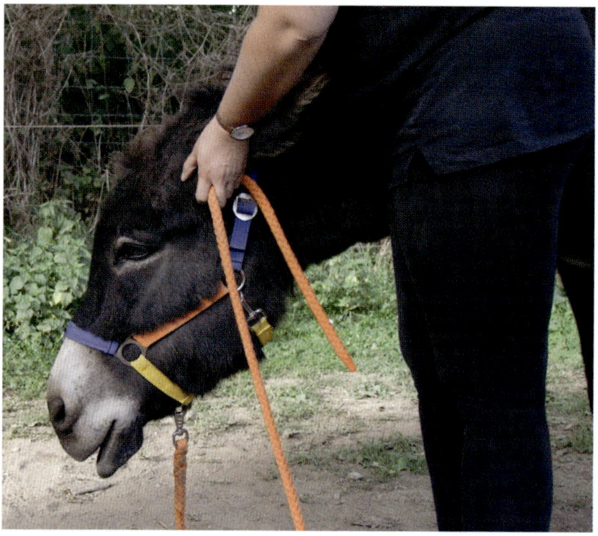

Abb. 62: Bei einer Ohrmassage entspannt der Esel, lässt die Unterlippe locker und genießt in vollen Zügen.

FALLBEISPIEL

Kolleginnen wollten für eine Mitarbeiterin, die alsbald nach Kanada auswandern würde, um dort u.a. Esel zu halten, einen Abschiedstag mit Eseln organisieren. Geplant wurde ein Eselbasiskurs am Vormittag inkl. Fütterung und Pflege und ein gemeinsamer Spaziergang am Nachmittag.

Als die Damen eintrafen, zogen sie sich noch auf dem Parkplatz um. Sie hatten T-Shirts mit Eseln bemalt und zogen sie sich über. Die beschenkte Kollegin sollte aber ein ganz besonderes T-Shirt erhalten. Feierlich streifte man ihr ein weißes T-Shirt über den Kopf, an dem echte kleine Möhren mit Stroh geknotet hingen. Ich war ehrlich verblüfft und entzückt über so viel Liebe zum Detail. Es wurde viel gelacht und die Kolleginnen teilten mir mit, dass die Esel die Möhren abfressen sollten. Als ich das hörte, war ich hin- und hergerissen zwischen Bewunderung des Einfallsreichtums und der Sorge, wie ich am besten formulieren konnte, dass diese Idee nicht durchführbar sei.

Ich erklärte, dass die Esel nicht so sensibel seien und vorsichtig die Möhren vom T-Shirt abzupfen würden, sondern sehr wahrscheinlich gierig zubeißen würden.

Die Stimmung kippte zum Glück nicht, und wir schossen ein Erinnerungsfoto mit allen T-Shirt-Trägerinnen, bevor wir zu den Eseln gingen.

Es wurde ein sehr schöner Tag, an dem Menschen und Esel gleichermaßen auf ihre Kosten kamen.

3.4 Gelassenheitstraining

Esel sind für gewöhnlich von Haus aus schon ziemlich gelassen unterwegs, und dennoch können sich auch diese eingeschränkten Fluchttiere erschrecken.

Wenn wir durch unser Dorf spazieren, müssen wir mit unseren Eseln auch immer die „Hundestraße" passieren. Wir wohnen sehr ländlich und in unserer Gemeinde hat jeder mindestens einen Hund, der den Hof bewacht. Wir werden in dieser Straße also von allen Seiten verbellt, und meist versteht man dann sein eigenes Wort nicht mehr.

Manchmal fehlt auch ein Hund, weil der Besitzer mit ihm gerade Gassi geht. All das kennen meine Esel und es ist für sie vollkommen normal geworden. Es gehört sozusagen zu ihrem Alltag. Wenn ein Hund also nicht

Abb. 63: Der Flattervorhang – hier bei Windstille, aber bei Gegenwind eine richtige Herausforderung für einen Esel.

an den Zaun gerannt kommt, mutmaßen wir, dass er ebenfalls spazieren geführt wird. Doch das stimmt nicht immer. Hin und wieder verschläft ein Hund auch unsere Eselkarawane und stößt laut bellend zu uns, wenn wir schon fast vorbei sind. Diese Situation hat uns allen – Menschen und Eseln – schon einen tüchtigen Schreck versetzt. Die Esel machten dabei einen Hüpfer nach vorn, drehten sich zum Hund um und starrten ihn verdutzt an. Das ist die normale Reaktion eines eingeschränkten Fluchttieres.

Rennradfahrer, die ihr Rad fast lautlos bergab laufen lassen und plötzlich von hinten kommend an einem vorbeisausen, lösen eine ähnliche Reaktion bei Eseln – und auch bei uns Menschen – aus.

TIPP

Wenn Sie bereits wahrgenommen haben, dass sich eine solche Schrecksituation anbahnt, drehen Sie den Esel zu diesem Geschehen, damit er sie sehen kann. Nun kann er sich besser darauf einstellen, was gleich kommt und wird sich nicht erschrecken.

Zum Gelassenheitstraining gehören:

- wehende Fahnen,
- platzende Ballons,
- ein Vorhang aus Flatterband (Abb. 63),
- ein Engpass (Abb. 64),
- ein Tunnel (Abb. 65),
- ein Klappersack,
- eine Hupe,
- ein Regenschirm,
- Seifenblasen,
- u. U. auch Feuer.

Abb. 64: Engpass auf dem Boden – ein geteilter Teppich, der auseinandergezogen auf den Boden platziert wurde.

Abb. 65: Der Tunnel – geht der Mensch voraus, wird ein neugieriger und vertrauensvoller Esel ohne viel Zögern folgen.

EXKURS

Feuer

Esel finden knisternde und laut lodernde Flammen regelrecht spannend. Meist sind sie derart neugierig, dass sie sich beim Inspizieren des Feuers die kurzen Tasthaare am Maul ansengen würden. Feuer zieht viele Esel magisch an. Gegen einen Abend am Lagerfeuer haben Esel nichts einzuwenden. Im Gegenteil, wenn das Holz verbrannt und die Asche noch warm ist, werden sie sich darin wälzen wollen. Hier ist der Mensch also gefordert, für den Esel mitzudenken, dass er sich nicht das Fell verbrennt! Natürlich gibt es auch „Angsthasen", die Feuer gegenüber misstrauisch sind, aber die Mehrzahl der Esel muss man vor dem Feuer schützen.

3.5 Freiarbeit und Führtraining

> **!** Esel brauchen viel Abwechslung im Leben, damit sie ausgelastet sind!

Als eingeschränkte Fluchttiere lassen sich Esel nur begrenzt von hinten antreiben. Das Longieren eines Esels gestaltet sich in zweierlei Hinsicht schwierig:

a. Das Antreiben wirkt nur bedingt gut.
b. Der Esel wird sich schnell langweilen, immer nur im Kreis zu laufen (intelligente Geschöpfe langweilen sich schnell).

Die wenigen Esel, die sich tatsächlich longieren lassen, sind die rühmliche Ausnahme und machen dies meiner Beobachtung nach nur, um zu gefallen – aber nicht aus Spaß.

> **TIPP**
>
> Die Freiarbeit kann mit einer Gerte erfolgen, die der verlängerte Arm wird. Sie dient also nicht zum Schlagen, sondern zum Zeigen, Antippen oder als Schranke zum Anhalten usw.

Einen Parcours mit Hilfe der Gerte zu bewältigen, ist vor allem dann einfacher, wenn es sich dabei um einen großen Esel handelt. Arbeitet man z. B. mit einem Mini- oder Zwergesel, kann die eigene Armlänge als Hilfestellung ausreichen (Abb. 66).

Esel marschieren in der Geröllwüste auf schmalen Pfaden meist hintereinander – also in einer Karawane. Dies sollten Sie auch beim Führtraining berücksichtigen.

Abb. 66: Nur auf Fingerzeig und ohne Strick klettert Stute Maya über die Stangen.

TIPP

Wenn Sie losgehen und der Esel noch ein wenig zögert, gehen Sie voraus, zupfen ein wenig am Strick und der Esel wird nach ein bis zwei Bedenksekunden folgen. Setzt sich der Esel in Bewegung, holen Sie ihn beim Weitermarschieren langsam neben sich.

Der Eselkopf geht also auf Ihrer Schulterhöhe. Das wäre die ideale Führposition. Denn so haben Sie Ihren Esel gut im Blick und können fix erfassen, wenn er etwas vorhat, das nicht in Ihrem Sinne ist. Umgekehrt können Sie auch schnell sehen, wenn er vor etwas Angst hat und dementsprechend handeln (beschützen, beruhigen usw.).

Neben den Kommandos „Vorwärtsgehen“ und „Anhalten“ sollten Sie auch wissen, wie Sie den Esel drehen und rückwärts richten können. Geben Sie mit der Gerte oder dem Finger einen Impuls, damit der Esel sich wendet.

TIPP

Möchten Sie den Esel z.B. drehen, tippen Sie die Kruppe von sich weg. Es muss dabei natürlich gewährleistet sein, dass der Bereich, wohin sich der Esel drehen soll, auch frei bzw. ausreichend Platz vorhanden ist. Genau das Gleiche gilt für das Rückwärtsrichten. Nur, dass hierbei der Mittelhandknochen angetippt wird. Das touchierte Bein wird der Esel daraufhin zurücksetzen.

Tippen Sie die Brust für das Rückwärtsgehen an, wird der Esel selber entscheiden müssen, welches Bein er zurücksetzen wird. Tippen Sie jedoch das gewünschte Bein an, sind Sie viel unmissverständlicher und das zahlt sich am Ende immer aus. Je präziser Sie „sagen", was Sie sich wünschen, desto besser wird der Esel das verstehen und auch umsetzen können (Abb. 67).

Abb. 67: Je eindeutiger die eigene Körpersprache ist, desto besser wird der Esel verstehen, was Sie sich wünschen.

Sollte der Esel einmal partout nicht gehen wollen, müssen Sie herausfinden, woran das liegen kann:

- Hat der Esel Schmerzen?
- Hat der Esel Hunger?
- Regnet oder stürmt es?

- Möchte der Esel nicht alleine mit Ihnen gehen?
- Führt eine fremde Person den Esel?
- Hört der Esel ein Geräusch?
- Sieht oder riecht der Esel etwas Ungewöhnliches?
- Wird der Esel von Insekten geplagt?
- Steht er vor einem Hindernis (Pfütze, Bach, Kanaldeckel usw.)?
- Wird der Weg sehr eng (parkende Autos, Bäume im Wald usw.)?
- Wird der Weg plötzlich sehr dunkel (Tunnel, Wald usw.)?
- Wird der Esel geblendet (aus dem Wald heraus in die Sonne, Autoscheinwerfer usw.)?

Es gibt zig Möglichkeiten, warum ein Esel schon einmal stehenbleibt. Prüfen Sie aus der Sicht des Esels die Lage (siehe Aufzählung), können Sie in der Regel schnell verstehen, was ihn dazu veranlasst und sollten dementsprechend handeln bzw. Geduld bewahren. Geben Sie dem Esel die Zeit, die er braucht, die Situation zu erfassen, und am Ende wird er sie meistern. Bauen Sie zu früh Druck auf, wird der Esel keine eigene Erfahrung mit der Situation sammeln können, doch genau das braucht er ja (Abb. 68). Sich auf andere zu verlassen, entspricht nicht seiner Natur.

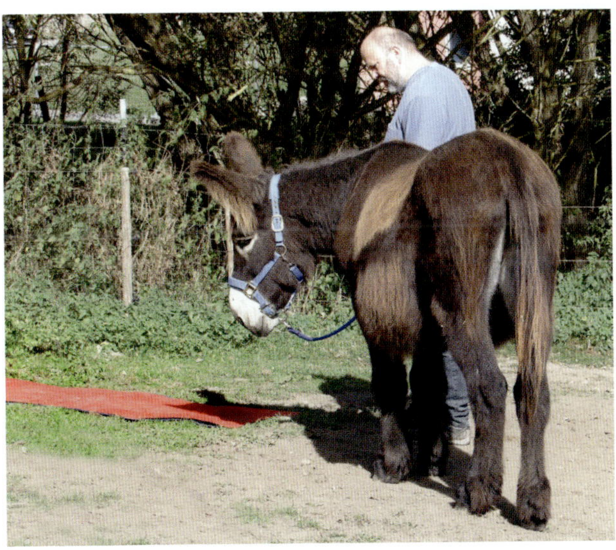

Abb. 68: Esel nehmen ihre Umwelt mit anderen Prioritäten wahr als wir. Dieser Teppich auf dem Boden, der für uns nicht weiter wichtig wäre, ist für einen Esel sehr interessant.

3.6 Spaziergänge und Trekking

Esel sind Langstreckenläufer und in der Geröllwüste täglich ca. 16 Stunden mit Futtersuche und -aufnahme beschäftigt. Das Spazierengehen – auch querfeldein – liegt den Eseln daher im Blut (Abb. 69). Wenn dann noch kleine Picknickpausen eingebaut werden, in denen die Esel fressen dürfen, ist ihr Glück perfekt.

Abb. 69: Esel sind äußerst „geländegängig".

TIPP

Ich rate Ihnen, die Esel nicht unterwegs während des Spazierengehens fressen zu lassen, sondern wirklich „nur", wenn gerastet wird. Esel, die herausgefunden haben, links und rechts am Wegrand naschen zu können, werden sich alsbald komplett verweigern mitzumarschieren. Wieso auch, wenn die „Köstlichkeiten" sich in Reichweite befinden. Konsequentes Handeln Ihrerseits hält die Esel vom Naschen ab und Sie können auf dem Spaziergang die Seele baumeln lassen.

Wer länger mit den Eseln unterwegs sein möchte, kann sich auch Packsättel zulegen, damit sich die Wandergruppe das Gepäcktragen aufteilen kann (Abb. 70). Korrekt gebaute Esel mit gesunden Hufen, die nicht zu dick sind und durch regelmäßiges Training Muskeln aufgebaut haben, können ein Fünftel ihres Gewichtes tragen, ohne dass man ihnen auf Dauer damit Schaden zufügt. Das bedeutet z. B. dass mein Zwergesel Samuel mit einem Stockmaß von 103 cm und einem Gewicht um die 140 kg ca. 25 kg tragen kann. Ich persönlich befolge jedoch die Ein-Siebtel-Regel, denn ich möchte nicht an die Grenzen meiner Esel stoßen (Kap. 1.9).

Abb. 70: Wie schön, dass man in Begleitung eines Esel so viel Platz hat, um auch ausreichend Erfrischungen mitzunehmen.

Esel sollen beim Anblick eines Packsattels beschwingt angelaufen kommen, weil sie sich freuen, dass wir eine Wanderung unternehmen, und nicht denken, dass sie nun wieder schleppen müssen. Mein 103 cm kleiner Zwergesel (*3. April 2000) hat in seinem ganzen Leben noch nie mehr als 14 kg getragen und dennoch merkt man nun im Alter, dass sich sein Rücken langsam etwas senkt, denn die Muskeln lassen allmählich nach.

Seriöse Vermieter von Trekkingeseln in Frankreich schicken Ihre Tiere mit 20 Jahren übrigens „in Rente", da die Esel langsam aber sicher gesundheitlich abbauen.

Für Esel als wahre Marathonläufer ist es wahrscheinlich das Größte, auf Wanderschaft zu sein. So können sie marschieren und in den Picknickpausen verschiedene Kräuter fressen. Wenn abends ein Lager aufgeschlagen wird, können sie verschnaufen, und am nächsten Morgen geht es weiter. Das ist ein herrliches Eselleben und lässt sich auch prima bei tiergestützten Interventionen umsetzen.

3.7 Bodenarbeit und zirzensische Lektionen

Abb. 71: Hier lernt der Esel, einen Ball durch die Schwimmnudel-Gasse zu schieben.

Esel sind bei Geräuschen (Schüsse, Feuerwerk, Sirenen usw.) nicht besonders schreckhaft veranlagt. Bei ungewöhnlichen Gerüchen schon eher, und was Esel besonders ins Visier nehmen, ist der Boden. Daher ist die Bodenarbeit, also das bewältigen von Hindernissen, ähnlich einem Hunde-Agility-Parcours, ein hervorragendes Gelassenheitstraining. Sie können auf dem Boden die unterschiedlichsten Materialien auslegen und mit Ihren Eseln trainieren, darüber zu gehen:

- langfloriger Teppich,
- aufgeblasene Luftmatratze,
- knisternde Plane,
- gummierte Fußabtreter,
- bunt gemischte Schwimmnudeln, die als Stangenersatz (Cavaletti) dienen (Abb. 71),
- ausrangierte Motorradreifen,
- aufblasbares Kinderplanschbecken,
- Wellblech,
- Holzwippe (Abb. 72),
- Podest (Abb. 73).

Sie werden merken, dass sich die Esel diese Untergründe sehr genau anschauen werden. Esel sind äußerst trittsicher und achten akribisch darauf, wohin sie ihre Hufe setzen. Wenn sie den Boden nicht kennen oder Ihnen nicht vertrauen, werden sie einen Bogen darum machen. Im Straßenverkehr mögen Esel z. B. nicht über Kanaldeckel gehen. Das Kanaldeckelgitter ist für Esel optisch schon eine Herausforderung, denn in dem Gitter könnten sie sich mit dem Huf verkanten. Außerdem riecht es seltsam aus der Tiefe und evtl. rauscht sogar noch Wasser. Alles in Allem finden Esel Kanaldeckel grundsätzlich bedenklich, und da sie vorsichtige und besonnene Tiere sind, gehen sie kein Risiko ein, sondern werden diese meiden. Wenn die Möglichkeit besteht, ist auch gar nichts dagegen einzuwenden. Es wird aber mit Sicherheit auch einmal eine Situation kommen, in der es keine Ausweichmöglichkeit gibt, und spätestens dann ist es von Vorteil, wenn die Esel gelernt haben, Ihnen zu vertrauen und über den Kanaldeckel zu gehen.

Noch schwieriger sind Pfützen. Die Esel können durch die spiegelnde Oberfläche nicht ausmachen, wie tief das Wasser ist und könnten darin ausrutschen, steckenbleiben oder versinken. Und selbst wenn der Mensch, der beste Eselkumpel oder die Mutterstute durch die Pfütze vorrausgeht, wird der nachfolgende Esel immer für sich selbst entscheiden, ob er dieses Risiko eingehen soll. Auch hier ist das Pfützentraining, was sich in Bach und Flusstraining steigern lässt, eine sinnvolle Aufgabe.

Bei den Bodenarbeitskursen, die ich gebe, habe ich noch keinen Esel erlebt, der alle von mir angebotenen Aufgaben sofort tadellos absolviert hätte. Mindestens einer dieser Untergründe wird ihn verunsichern. Daher ist es gut, so ein

Abb. 72: Die Wippe ist schon eine etwas kniffligere Angelegenheit für einen Esel.

Abb. 73: Befreundete Esel steigen auch gemeinsam auf das kleine Podest.

Training zuhause durchzuführen, wo die Tiere eingezäunt sind und sich sicher fühlen. Und selbst wenn daheim irgendwann alles funktioniert, lauern draußen noch genug „Gefahren“, die einen Eselspaziergang spannend machen werden.

> ! Es ist fahrlässig, mit einem Esel unter Menschen/Verkehr zu gehen, wenn dieses Training nicht zuvor zur vollsten Zufriedenheit zuhause abgeschlossen wurde.

Es ist vergleichbar mit einer Führerscheinprüfung. Niemand käme auf die Idee, ohne Unterricht ein Auto fahren zu wollen, und auch die Esel sollten vorab ausreichend geschult werden.

Werfen Sie Esel „ins kalte Wasser“ und lassen Sie sie draußen ihre Erfahrungen nach dem Motto „Learning-by-doing“ selbst machen, kann sie das massiv überfordern. Die Esel werden alsbald kein Vergnügen mehr haben, mit Ihnen diese Reizüberflutungen zu erleben.

Esel, die jedoch Zeit bekommen haben, nach und nach Vertrauen zu Ihnen aufzubauen und Selbstbewusstsein entwickelt haben, werden zuverlässige Partner, die nach diesem Training mit Ihnen durch dick und dünn gehen werden (Abb. 74).

Abb. 74: Wenn der Esel Vertrauen zu Ihnen aufgebaut hat, folgt er Ihnen auch überall hin.

Wer keine Geduld aufbringen kann oder möchte, mit Eseln zu trainieren, wird wenig Freude an diesen Geschöpfen haben.

Geduld zahlt sich im Umgang mit Eseln am Ende immer aus, und es ist ein schöner Lohn, wenn man miterlebt, wie schnell sie lernen, sobald das erste Training erfolgreich beendet wurde (Abb. 75).

Abb. 75: Geduldig und freundlich bleiben, zahlt sich aus, denn die Esel lernen durch positive Verstärkung besonders schnell.

3.8 Reiten und vor der Kutsche

Viele Allergiker, die in der Hippotherapie das Reiten schätzen gelernt haben, suchen sich nun den Esel, doch dieser ist dafür – anatomisch gesehen – leider nicht so ideal. Die Tatsache, dass er nur ein Fünftel seines Gewichtes tragen kann, schließt Erwachsene Personen meist aus, denn die Großesel, die zwar mehr auf die Waage bringen und dementsprechend mehr Last tragen könnten, sind leider im Körperbau häufig ungeeignet. Denn nicht nur Größe und Masse spielen beim Lastentragen eine Rolle, sondern auch die stimmige Anatomie, die bei vielen Eseln in unseren Breitengraden leider nicht gegeben ist.

Hinzu kommt, dass die meisten Kunden nicht wirklich reiten können, sondern sich tragen lassen. Das ist noch einmal eine andere Belastung für den Esel. Ein Reiter wird das Tier mit seinem Körper durch Gewichtsverlagerung unterstützen. Lässt sich eine Person hingehen tragen, sitzt diese vielleicht etwas plump oder gar schief auf dem Eselrücken. Nun muss der Esel dieses Ungleichgewicht auch noch ausbalancieren.

Da Esel in der Regel still leiden, werden sie das meistern, aber tierschutzfreundlich ist das natürlich nicht. Die Esel werden verschlissen und verlieren über kurz oder lang die Lust, mit Menschen etwas zu unternehmen.

Das Reiten auf Eseln wird also immer mit Kompromissen einhergehen.

Stabile Hausesel um die 120 cm Körperhöhe, die wie bereits beschrieben korrekt gebaut sind, können kleine Kinder allerdings sehr wohl tragen.

Problematisch ist jetzt nur noch der passende Sattel. Diesen wird man sich anfertigen lassen müssen, denn ein handelsüblicher Pferdesattel wird nicht auf einen Eselrücken passen. Die Anatomie ist in dem Punkt einfach zu unterschiedlich.

Alternativ ein dickes Sattelpad samt Voltigiergurt zu nehmen, damit sich das Kind am Griff festhalten kann, ist auch nur ein Kompromiss. Denn das Kind wird auf der Wirbelsäule bzw. den Dornfortsätzen des Esels sitzen – und genau das sollte vermieden werden (Abb. 76).

Abb. 76: Ein dickes Sattelpad ist keine vollends zufriedenstellende Lösung für den Esel.

Es gibt einige Packsattelmodelle, die Wirbelsäulenfreiheit gewährleisten und auf denen Sie gleichzeitig einen Kindersitz befestigen können. Für den Esel ist das die perfekte Lösung. Einzig das enge Körpergefühl zwischen Mensch und Tier bleibt für den Reiter dabei ein wenig auf der Strecke (Abb. 77).

Durchdachte Reitpads, die bei noch leichtem Gewicht ebenfalls Wirbelsäulenfreiheit bieten, kommen vermehrt auf den Markt (Abb. 78).

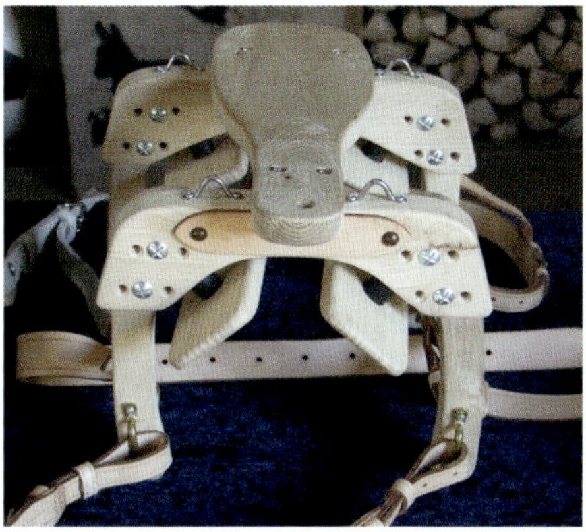

Abb. 77: Ein Packsattelmodell mit Kindersitz aus Frankreich.

Abb. 78: Einige Sattelpads bieten auch Wirbelsäulenfreiheit.

Weiterführende Informationen

Spezielle Anfertigungen für Esel sind z. B. im Atelier CUIRE in der Schweiz (www.ateliercuire.ch, 19.11.18) zu finden, Reitpads gibt es z. B. von Barefoot (www.barefoot-saddle.com, 19.11.18).

FALLBEISPIEL

Mit gutem Beispiel voran geht ein Eselwanderanbieter aus Süddeutschland: Auf die Frage eines Kindes an den Eselwanderführer, ob es die Esel auch reiten darf, kam als Antwort: „Nein, meine Esel werden nicht geritten, wir wandern mit ihnen und begegnen ihnen damit auf Augenhöhe" (Abb. 79).

Abb. 79: Sich auf Augenhöhe zu begegnen, können auch Kinder gut nachvollziehen.

Abb. 80: Wie viel ein Esel tatsächlich ziehen kann, hängt von vielen verschiedenen Faktoren ab.

Esel können auch Kutschen ziehen (Abb. 80). Selbst Miniesel können Sie dafür, im wahrsten Sinne des Wortes, einspannen. Wie viel Last Esel letztendlich ziehen können, hängt von diversen Faktoren ab:

- ob der Weg eben oder steil ist,
- wie die Bodenbeschaffenheit ist (Sand, Asphalt, Gras, Schotter usw.),
- wie schwer die Kutsche ist – samt Insassen,
- wie leichtläufig die Räder sind,
- wie die Wetterverhältnisse sind (heiß, kalt, windig usw.),
- wie viele Esel die Kutsche tatsächlich ziehen – denn bei Mehrspännern laufen manche Esel manchmal nur mit, aber ziehen nicht die Kutsche,
- wie gesund und trainiert die Esel sind – pausiert man lange zwischen Kutschausfahrten, neigen auch Esel zu Muskelkater.

Ein Esel kann deutlich mehr ziehen, als er tragen kann. Hier einmal eine Faustregel:

- auf ebenem, festen Gelände das Dreifache seines Eigengewichts,
- bei hügeligem Gelände das Zweifache,
- und bei bergigem Gelände das Eigengewicht.

Natürlich hängt das Ganze auch vom Typ, Gesundheits- und Trainingszustand des Esels ab, aber auch von der Kutsche selbst. Denn es gibt Kutschen, die ein geringes Eigengewicht haben und dennoch sehr schwer zu ziehen sind, und es gibt schwerere Kutschen, die leichtläufig fahren. Vierrädrige Kutschen sind beim Einspannen für die Anatomie des Esels angenehmer als z. B. ein Gig (zweirädrige Kutsche, bei der die Schere schnell auf das Selett und damit auf den Rücken des Esels drücken kann).

Als Geschirr eignet sich ein passendes Kummet am besten, denn ein Brustblattgeschirr bietet für Esel, die u. a. häufig eine sehr schmale Brust haben, keinen guten Tragekomfort. Ein Kummet, das sich öffnen lässt, damit Sie es über den langen Eselkopf bekommen, ist empfehlenswert (Abb. 81).

Abb. 81: Dieses Kutschgeschirr wird dem Esel gerade angepasst.

Ziehen Sie das Kutschefahren in Betracht, sollten Sie vorab einen Fahrkurs absolviert haben (Abb. 82). Spätestens wenn Sie samt Kutsche in einen Unfall verwickelt werden, verlangt die Versicherung einen Nachweis, dass Sie sich dahingebend gebildet haben. Bleibt dieser aus, wird die Versicherung u. U. nicht zahlen. Unabhängig davon ist es natürlich immer ratsam, sich vorher bestmöglich zu informieren, damit Menschen und Tieren kein Schaden zugefügt wird.

Sie müssen nicht zwingend einen Eselfahrkurs bestehen. Ein Fahrkurs mit Pferden ist ausreichend. Wer mit Pferden das Kutschefahren gelernt hat, wird auch Esel fahren können, die für gewöhnlich einfacher zu fahren sind.

Abb. 82: Bevor der Esel vor die Kutsche gespannt wird, wird vom Boden aus geübt.

4 Zielgruppen

Auf die Frage, wer denn meine Zielgruppe ist, wird meistens gemutmaßt, dass es sich dabei um Kinder oder zumindest Familien mit Kindern handelt.

Ja, in der Tat habe ich viele Anfragen von Familien und Kindern. Aber mein Interessentenkreis ist weitaus größer.

4.1 Kinder und Jugendliche

Kinder fühlen sich zu Eseln in der Regel hingezogen, während den Jugendlichen der Sinn meist nach etwas anderem steht. So sind Teenager von allen Zielgruppen diejenige, die ich noch am wenigsten auf meiner Liste vermerken kann.

Wenn Kinder zu den Eseln kommen, bedienen Mädchen oft das Klischee, das Pferde und Mädchen verbindet, und stürmen auf die Esel zu. Die Jungen halten sich für gewöhnlich erst einmal zurück, denn das Verhalten der Mädchen ist für einen Jungen in der Pubertät wahrscheinlich zunächst total „uncool". Doch recht schnell merken beide Geschlechter, dass Esel keine Pferde sind. Aus dem Grund ändert sich das Verhalten und die Mädchen verlieren ein wenig die Lust, während die Jungen nun doch ernsthaftes Interesse zeigen.

Dies kann ich immer wieder beobachten, wenn gemischte Gruppen aus Schulen, Vereinen oder Pfadfinderbewegungen bei mir etwas buchen (Abb. 83).

Abb. 83: Besonders Jungen finden Esel äußerst sympathisch und kein bisschen uncool.

FALLBEISPIEL

Hufe auskratzen: Ein dreijähriger Junge kommt mit seiner Mutter zu uns auf den Hof. Er freute sich schon seit Tagen, dass er Esel streicheln darf, doch als er da war, hatte er enorme Scheu vor den großen Tieren. Seine Mutter nahm ihn auf den Arm, und als ein Esel vorsichtig an seinen Schuhen schnuppern wollte, zog er die Beine ganz hoch und bekam richtig Angst.

Als wir das Programm „Eselpflege" in Angriff nahmen, fragte ich, ob er denn vielleicht einmal die Hufe auskratzen wolle, die Mama könnte es ja einmal vormachen. Ich würde den Huf hochhalten und die Mama würde dann auskratzen. So schnell konnte ich gar nicht gucken, wie sich der Junge den Hufkratzer schnappte und mit mir zusammen sofort den ersten Huf, den ich hochgehoben hatte, auskratzte. Die Mutter und ich staunten nicht schlecht.

Ich habe lange darüber nachgedacht, warum dies für den kleinen Jungen so gar nicht gefährlich wirkte, wo doch jeder Erwachsene eine potenzielle Gefahr im Huf (sprich: getreten werden) sehen würde. Ich denke, dadurch, dass der Junge selbst mit den Füßen auf dem Boden stand, der Esel festgebunden war und ich das Bein des Esels angehoben hatte, machte die Gesamtsituation so vertrauensvoll. Der Junge war am Ende derart naiv, dass er sich beim Auskratzen sogar auf den Popo setzte. Da ich meine Esel kenne und ich die Situation im Auge behielt, ließ ich es zu, mit der Erklärung, dass ich weiß, was ich tue und wie meine Esel reagieren. Die Mutter nickte zustimmend und wir erklärten anschließend dem Sohn noch einmal genau, dass er so vertrauensvoll nicht zu allen Tieren sein darf.

TIPP

Kinder lieben es, Hufe auskratzen zu dürfen. Auch wenn Esel gerade in Dreck oder Mist getreten sind, macht das den Kindern oft gar nichts aus.

4.2 Erwachsene

Viele Erwachsene möchten ihr Selbstbewusstsein oder ihre Führungsqualitäten verbessern. Im Beruf und im Privatleben zahlt sich ein selbstsicheres und überzeugendes Auftreten aus. Führungskräfteseminare mit Hilfe von Eseln können eine wunderbare Brücke dafür bilden. Denn Esel lassen sich zu nichts zwingen. Wer möchte, dass ihm ein Esel folgt, muss authentisch sein. Die Mischung aus liebevollem, aber auch respektvollem Umgang ist gefragt.

Zu herrische sowie auch zu nachlässige Menschen stoßen hier schnell an ihre Grenzen. Sie müssen verstehen lernen, was ihr Gegenüber mag, denkt, verspürt und Empathie entwickeln, auch wenn der Mensch den Esel noch nicht bis ins Detail „lesen" kann.

Herauszufinden, wie man sein Gegenüber aus der Reserve locken kann, ohne dabei mit Bezahlung (Leckerlis) zu arbeiten, wird auch immer thematisiert (Abb. 84).

Abb. 84: „Stört es den Esel, wenn ich ihn so einenge?"

FALLBEISPIEL

Kommen Geflüchtete aus südlichen Ländern auf unseren Hof, finden einige manchmal ein Stück Heimat im Esel wieder und schwärmen nostalgisch von Zuhause.

4.3 Senioren

Die ältere Generation, die eventuell auch in der Landwirtschaft gearbeitet hat, kann sich gut an Eseln erfreuen (Abb. 85). Da werden Erinnerungen wach.

Rüstige Senioren, die noch gut zu Fuß sind, streben nicht selten sogar Gewaltmärsche über einige Monate mit Eseln an. Jetzt, wo sie in Rente sind, haben sie Zeit, solche Lebensträume, wie z. B. eine Alpenüberquerung oder den Jakobsweg zu pilgern, in die Tat umzusetzen. Der Esel, mit dem sie sich das Gepäck aufteilen können, ist ein willkommener Begleiter.

Abb. 85: Für arthrosegeplagte Hände ist das warme, flauschige Eselfell ein sehr angenehmes Gefühl.

4.4 Paare

Meine größte Zielgruppe im Eseltrekking sind Paare allen Alters. Die häufigsten Beweggründe, warum sich Paare bei mir für einen Trekkingtour anmelden sind:

- sich eine Auszeit zu gönnen,
- einen Kurzurlaub einzuschieben,
- etwas Außergewöhnliches gemeinsam zu unternehmen.

Abb. 86: Paar-Therapie im gemeinsamen Eselführen: ein sogenanntes Coaching-to-go.

Am liebsten möchten sie dabei auch unter sich bleiben und sich keiner Gruppe anschließen müssen. So biete ich individuelle Eselwanderungen an Wunschterminen an, die einzig für besagte Paare reserviert werden (Abb. 86).

Aber auch eine Paar-Therapie kann hier greifen. Bei der Eselpflege können Paare entspannt über die Höhen und Tiefen der Beziehung diskutieren, die es beschäftigt (Abb. 87). Der Esel öffnet dabei die Herzen und macht in der Regel gesprächig.

Abb. 87: Bei der Fellpflege lässt sich gut über einiges reden, denn die Situation wirkt durch den Esel entspannt.

4.5 Familien

Für Familien sind meine Angebote rund um die Esel (Wandern, Kuscheln, Pflegen, Kurse usw.) in erster Linie als reine Freizeit angedacht, doch im Grunde wird stets viel mehr daraus. Es wird über die Bedürfnisse, die Herkunft, das Wesen etc. der Esel gesprochen und der Lerneffekt stellt sich ein.

4.6 Kollegen

Des Weiteren haben auch Kollegen Interesse, aus dem Alltagstrott herausgeholt zu werden: sei es, dass ein Betriebsausflug zu uns gebucht wird oder dass eine Teamschulung in Begleitung der Esel auf dem Programm steht (Abb. 88).

Abb. 88: Diese Kolleginnen werden einmal aus dem Büroalltag herausgeholt.

4.7 Personen mit Handicap

Dieser Bereich umfasst eine immense Bandbreite. Je nach Bedarf und/oder Therapeut können

- Menschen mit einer Drogenabhängigkeit,
- traumatisierte Personen,
- Menschen in der Trauerbewältigung oder
- Menschen mit Behinderungen – geistige, körperliche oder mehrfache –

von den Angeboten mit den Eseln profitieren (Abb. 89).

Störungen, die mit Unterstützung von Eseln therapiert werden können, sind:

- Angst,
- Panikattacken,

- Sucht,
- Borderline-Syndrom,
- Depressionen,
- Essstörungen,
- Gewalterfahrungen,
- Schizophrenie,
- Suizidgefährdung,
- Zwangsneurosen.

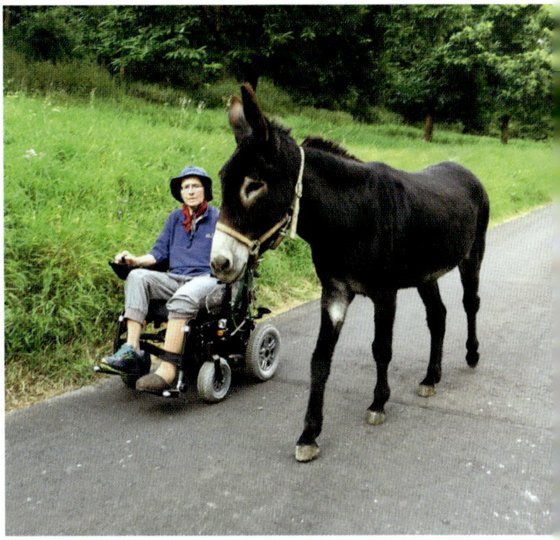

Abb. 89: Barbara Bank (1952–2021) – 1. Vorsitzende des deutschen Eselvereins (IGEM) – geht trotz Rollstuhl weiterhin mit ihren Eseln spazieren.

4.8 Menschen im Vollzug

Die besondere Eignung der Esel – und natürlich auch anderer Tierarten – als therapeutisches Medium in der Forensik rührt daher, dass sie keine Vorstellung davon haben, was „verurteilt" bedeutet und ohne Vorbehalte der Person mit krimineller Vergangenheit begegnen. Da Tiere nicht werten, können Menschen im Vollzug mit den Eseln bei null beginnen. Sie können den Teufelskreis von gestörter Eigenwahrnehmung und der bestimmenden Reaktion anderer Menschen unterbrechen und wieder eingegliedert werden (Abb. 90).

Auch wenn ich eingangs geschrieben habe, dass Esel bei tiergestützten Interventionen gesund und leistungsfähig sein sollen, gibt es natürlich Ausnahmen, die ein „Gewinn" sein können, wenn man sie, wie hier beschrieben, richtig einsetzt.

FALLBEISPIEL

In der Strafanstalt „**Givenich**“ (Centre pénitentiaire de Givenich, Service Psycho-Socio-Educatif) in Luxemburg werden im offenen Vollzug neben Nagetieren und Geflügel u. a. auch Esel eingesetzt.
Die Herde umfasste 2018 neun Esel in diversen Größen, unterschiedlichen Temperamenten und Altersklassen. Der „Joker“ in dieser bunt gemischten Gruppe ist jedoch ein noch junger, blinder Esel. Wird dem Insassen erklärt, dass dieser Esel seinen Kopf immer hin und her bewegt, wenn er Kontakt sucht, weil er blind ist, schmelzen selbst die hartgesottensten Männer dahin. Dieser Esel zieht mit seiner Optik – mit seinem extra langen Fell ist er besonders knuffig – und seinem Handicap jeden in Windeseile in seinen Bann. Da der Esel nicht aufdringlich, aber dennoch kontaktfreudig ist, ertappt man sich schnell selbst dabei, dass man dem Kerlchen helfen möchte. Bewundernswert ist, dass er mit seiner Blindheit sehr gut zurecht kommt. Die anderen Esel akzeptieren ihn voll und ganz. So ist er zum Teil auch ein gutes Vorbild für Menschen, die sich selbst ein Stück weit aufgegeben haben. Er macht den Menschen Mut und zeigt, wie man dennoch ein glückliches Leben führen kann.

Abb. 90: Tiere werten nicht, und jeder kann mit ihnen bei null beginnen.

5 Settings für eselgestützte Interventionen

An dieser Stelle möchte ich Ihnen unterschiedliche Orte vorstellen, an denen Sie mit Eseln agieren können und dies anhand diverser Fallbespiele erläutern. Denn auch wenn Sie sich im Vorfeld natürlich schon einen Plan gemacht haben, wie das Setting aussehen und gestaltet werden soll, werden Sie mit Sicherheit eine gewisse Flexibilität in Betracht ziehen müssen.

5.1 Stall

Wenn Sie etwas im Stall umsetzen möchten, sollte dieser geräumig sein, damit sich Mensch und Esel aus dem Weg gehen können. Eine Box könnte für alle Beteiligten zu eng werden. Vergessen Sie nie, dass der Esel für einen Laien ein großes Tier ist – auch wenn es sich dabei um einen Zwergesel handelt.

> **!** Es kann vorkommen, dass sich Teilnehmer, selbst wenn der Esel sich vorsichtig annähert, bedrängt fühlen und ausweichen möchten. Nur weil Sie selber die Nähe Ihrer Esel schätzen, muss das für andere nicht genauso gelten.

Der Stall bietet sich vor allem dann an, wenn das Wetter nicht eselgerecht ist. Hier sind alle geschützt, und der Esel fühlt sich sicher.

Bringen Sie ein Musikinstrument mit in den Stall (z. B. Xylophon, Klangschalen, Triangel, Gitarre usw.), das jemand spielen kann, werden die Esel nicht lange auf sich warten lassen. Musik und Esel passen herrlich zusammen. Neugierig wie Esel sind, stimmen sie zum Teil lautstark in die Kompositionen mit ein (Abb. 91).

Abb. 91: Neugierig bestaunen die beiden Eselstuten das Instrument: ein Handpan.

TIPP

Wenn Sie bei Menschen Stress oder angestaute Wut abbauen möchten, legen Sie diesen z. B. auf kleine Heuballen und lassen einen Esel am Heu fressen. Das gleichmäßig kauende Geräusch wirkt fast einschläfernd. Zieht der Esel hinzu noch unter dem Bauch den einen oder anderen Halm heraus, ist es ein unbeschreibliches Gefühl. Die Zufriedenheit des Esels kommt rasch beim Gestressten an, der sich entspannt und seine Seele baumeln lassen kann (Abb. 92).

Abb. 92: Diese „Aufgabe" – Heu fressen – meistern alle Esel aus dem FF.

5.2 Auslauf

Der befestigte Auslauf – sofern Sie keinen Reitplatz oder eine Reithalle haben – eignet sich bestens, um einen Hindernisparcours aufzubauen. Gerne setze ich diesen bei Führungskräfteseminaren ein.

Die erste Aufgabe besteht darin, dass die Teilnehmer selbst den Hindernisparcours aufbauen sollen. Und zwar soll dieser so gestaltet werden, dass zwei Esel und zwei Menschen – also vier Individuen, die miteinander verbunden werden – diesen bewältigen können. Zum Beispiel führt jeder Teilnehmer einen Esel am Strick – ein Mensch führt den Esel links, der andere rechts – und die Menschen halten sich an den Händen (oder sind mit einem Seil oder Ring miteinander verbunden, Abb. 93).

Abb. 93: Es wird eine Viererkette aus zwei Eseln und zwei Menschen gebildet, die gemeinsam verschiedene Hindernisse überqueren sollen.

Um es noch ein wenig herausfordernder zu gestalten, bekommt jeder Esel auch noch ein anderes Hindernis. Während Esel A also Slalom um die Pylone geführt werden muss, soll Esel B über eine Wippe gehen. Oder während Esel A über Stangen gehen soll, muss Esel B über einen Teppich geführt werden. Ziel ist weniger, dass die Esel alles perfekt umsetzen, sondern vielmehr, dass mit den Menschen bei dieser Aufgabenstellung etwas geschieht (Abb. 94).

Abb. 94: Jeder Esel absolviert ein anderes Hindernis.

Den Parcours aufzubauen, stellt oft schon eine große Herausforderung dar, denn wer bestimmt nun, wo welches Hindernis hin soll? Wer packt tatkräftig mit an, wer ist sich unsicher, wie etwas gestaltet werden soll und hört lieber auf andere, die meinen, den Überblick zu haben usw.?
Ist der Parcours fertig, sollen mir diejenigen, die das jeweilige Hindernis an Ort und Stelle aufgebaut haben, erklären, was genau dort die Aufgabenstellung ist:

- Soll z.B. nur der Esel um die Pylone Slalom geführt werden und der Mensch geht auf ein und derselben Seite daran vorbei, oder soll der Mensch mit dem Esel gemeinsam um die Pylone Slalom gehen?
- Soll der Esel einfach über den Teppich gehen, oder soll er zuerst einmal mit der Vorderhand auf den Teppich treten, drei Sekunden stehenbleiben und dann weitergehen?
- Soll der Esel oder der Mensch über die Wippe gehen?

Jedes Hindernis kann demnach noch in viele kleine Variationen unterteilt werden.

Wenn alle Aufgabenstellungen erläutert wurden, sollen nun vier Personen den Parcours einmal abgehen. Zwei Teilnehmer mimen die Esel und zwei Teilnehmer sind die Menschen, die miteinander verbunden sind. Hier zeigt sich oft, dass die Abstände für das Viererteam nicht ideal gewählt wurden. Manches wurde zu eng oder zu weit voneinander aufgebaut.

Letzte Verbesserungen werden also am Parcours vorgenommen, und nun kann dieser mit den Eseln begangen werden.

Die Teilnehmer müssen dabei sowohl auf ihren eigenen Esel als auch auf das andere Esel-Mensch-Duo achten und werden gezwungen, sich miteinander zu beschäftigen, sich auszutauschen, Rücksicht zu nehmen, aufmerksam zu bleiben und miteinander zu kommunizieren.

TIPP

Ich filme das gesamte Geschehen, und später schauen wir uns gemeinsam an, wie was verlaufen ist. Aus der filmischen Distanz erkennt man häufig besser, warum etwas gut oder auch weniger gut funktioniert hat.

5.3 Wiese

Die Wiese bietet in erster Linie die Möglichkeit, gemeinsam ein Picknick zu veranstalten. Sprich: Die Esel werden entweder eingezäunt oder fachgerecht angebunden, so dass sie fressen können, und auch die Menschen verspeisen etwas Köstliches. Gemeinsam zu speisen, ist für die meisten Menschen ein Grundbedürfnis, das, wenn sie es mit Tieren teilen, einen ganz besonderen „Touch“ bekommt (Abb. 95).

Abb. 95: Gemeinsam auf der Wiese etwas Köstliches zu sich zu nehmen, tut einfach gut.

Die Wiese bietet sich aber auch für diverse Spiele oder Unterricht im Freien an.

FALLBEISPIEL

Die Goldwaschtour: Ich erhielt eine Anfrage einer Ferienfreizeit, die für Kinder eine Goldwaschtour geplant hatte. Die Idee war, dass die Esel den Goldschatz am Ende in den Packtaschen heimwärts tragen sollten. Ganz so, wie es einst im „Wilden Westen" üblich war.
Ich fuhr mit unseren Eseln zum Startpunkt, wo uns bereits etliche Kinder neugierig erwarteten, und verschnallte die Packsättel. Gemeinsam wanderten wir einige Kilometer bergab, bis wir in einem Tal auf eine große Wiese stießen. Dort rauschte ein breiter Fluss, und an einer Furt war der ideale Rastplatz, wo wir uns niederließen. Während die Kinder in Sachen „Goldwäscher" von den Veranstalterinnen unterrichtet wurden und sie ein Säckchen nähten, in dem die glänzenden Nuggets gesammelt werden konnten, weideten die Esel. Pünktlich zum Goldwaschzeitpunkt lugte auch die Sonne hinter den dicken Wolken heraus, denn so eine Unternehmung steht und fällt natürlich mit dem Wetter. Den Kindern wurde gezeigt, wie sie mit Hilfe eines Blumentopfuntersetzers etwas Erde vom Grund des Flussufers schürfen können und diesen Teller schwenken müssen, damit nach und nach das Gold zum Vorschein kommt.
Tags zuvor hatten die Veranstalterinnen Kieselsteine mit goldener Farbe angemalt und reichlich davon in die Furt geschmissen. Schon bald hörte ich erste Freudenschreie seitens der Kinder, die Goldnuggets gefunden hatten. Es wurde an dem Tag Gold geschürft, geplanscht, gepicknickt, Nachlaufen auf der Wiese gespielt und vieles mehr. Am späten Nachmittag machten wir uns „reich" beladen auf den Rückweg und verabschiedeten uns von überglücklichen Kindern.

5.4 Wald

Der Wald bietet sich z. B. für eine Esel-Rallye an. Wir bepacken die Esel neben Picknicksachen auch mit diversen Utensilien, damit wir Spiele unterwegs vorschlagen können.

Esel-Memory: Das Spiel eignet sich für die Kindergartenkinder – obwohl auch Erwachsene und Senioren immer noch gerne Memory spielen. Ich habe mein Esel-Memory in einem Onlineshop selbst gestaltet und Fotos von unseren Eseln verwendet. Bei den Motiven wird also viel nachgefragt, da Esel im Sommer- und Winterfell sehr unterschiedlich aussehen. Oder wenn ein Fohlenmotiv dabei ist, wird nachgeforscht, welcher erwachsene Esel das nun sein könnte.

Scrabble-Buchstaben für die Grundschüler: Ich stelle vier Fragen über Esel, und aus den Buchstaben ergeben sich die Antworten. Die Buchstabensteinchen sind genau auf die Antworten abgestimmt. Es müssen also alle Buchstaben verwendet werden und keiner darf übrig bleiben. Eine zum Teil etwas knifflige Aufgabe, doch der Schwierigkeitsgrad lässt sich an die jeweilige Altersstufe leicht anpassen.

Abb. 96: Der Esel steht für das Kunstwerk Modell.

Bunte Kreidestifte für Alt und Jung: Geht ein asphaltierter Weg durch den Wald, können die Teilnehmer auf den Boden Esel zeichnen – die als lebende Vorlage geduldig Modell stehen (Abb. 96).

Ein flexibles Maßband: Ich suche mir im Wald einen dicken Baumstamm und lasse die Teilnehmer schätzen, wie viel der Umfang des Stammes beträgt. Als Tipp gebe ich mit: „Wenn man den Baum umarmt, kann man es besser einschätzen, da die Armlänge vom linken Mittelfinger bis zum rechten Mittelfinger für gewöhnlich die eigene Körpergröße beträgt."

Abb. 97: Die Kokosnuss sollte nicht die langen Ohren berühren.

Eine Kokosnuss an einer langen Kordel: Im Vogelfutterhandel werden Kokosnüsse häufig mit Fettfutter gefüllt. An so eine leere Kokosnuss habe ich eine lange Kordel gebunden. Die Aufgabe besteht darin, die Kokosnuss über einen hohen Ast zu schwingen, so dass sie darüber hängt. Von einer vereinbarten Entfernung (z. B. zehn Meter) muss nun ein Teilnehmer sagen, wie tief die Kokosnuss herunter gelassen werden soll, damit der geführte Esel nicht mit den langen Ohren daran stößt. Erst danach wird der Esel unter die Kokosnuss geführt und je dichter die Kokosnuss an die Ohren kommt, ohne diese zu berühren, desto besser (Abb. 97). Aus der Ferne ist es gar nicht so einfach, dieses Maß richtig einzuschätzen. Hier wird der Blick geschult, damit der Esel sich z. B. nicht an einem Ast stößt.

„Ich packe meinen Koffer“: Unterwegs spielen wir auch gerne dieses Spiel und spicken den Koffer mit Utensilien, die den Esel betreffen:

- Heu,
- Halfter,
- Hufkratzer,
- Hufeisen,
- Bürste,
- Sattel,
- Möhre usw.

Fragen über Pflanzen: Die Teilnehmer sollen Tannenzapfen, Zweige, Nüsse oder Blätter sammeln und daraus auf dem Boden ein großes A und ein großes B legen. Nun stelle ich Fragen über Pflanzen, die für Esel giftig oder heilend sind, und gebe jeweils zwei verschiedene Antworten vor. Die Teilnehmer müssen sich nun entscheiden, ob Antwort A oder B richtig ist, und sich dementsprechend zu dem Buchstaben stellen.

Staffellauf: Habe ich extrem quirlige Teilnehmer, kommt der Staffellauf zum „Auspowern“ zum Einsatz. Dafür habe ich eine Plastikbanane und eine Plastikmöhre. Wir bilden zwei Teams, bestimmen eine Wegstrecke, die mit zwei Eseln begrenzt werden kann, und als Staffelholz dient das Plastikobst bzw. -gemüse. Ein Spaß, bei dem auch viele Erwachsene mitmachen wollen.

Damit es zu keinen Streitigkeiten kommt, wie sich die Teams zusammenstellen, hatte ich zu Anfang immer Skatkarten mit Herz und Pik dabei. Jeder musste eine Karte ziehen und sah dann, in welchem Team er war. Inzwischen habe ich mir auch hier in einem Onlineshop treffendere Spielkarten mit Eselmotiven gestaltet.

Auf diese Weise wandern wir also nicht nur einfach mit den Eseln durch den Wald, sondern geben dem Ganzen neben dem Spaßfaktor auch noch einen naturnahen Lerneffekt.

Wir richten uns bei der Esel-Rallye immer auf die gebuchte Gruppe ein. Das können Kindergartenkinder, Schüler oder Pfadfinder sein, aber auch rüstige Senioren, Junggesellenabschiede oder Betriebsausflügler.

> Wir achten bei der ganzen Gaudi stets darauf, dass die Esel nie Mittel zum Zweck sind, sondern dass auf humorvolle Art und Weise der Charakter und die Bedürfnisse der Esel vermittelt werden.

5.5 Besuche im Krankenhaus(garten)

Die Bedingungen, um mit einem Esel eine Krankenhausstation zu besuchen, sind meist nicht gegeben. Die Hygienevorschriften lassen dies in der Regel nicht zu.

Aber die meisten Krankenhäuser haben einen Garten, in dem sich der Patient entweder die Füße vertreten oder zumindest rollstuhlfahrenderweise frische Luft schnappen kann. Dieser Ort kann Treffpunkt für Patienten mit Eseln werden (Abb. 98).

Für ca. eine Stunde werde ich für den Gartenaufenthalt gebucht, und über den Esel komme ich mit den Patienten schnell ins Gespräch.

Der Wunsch, das weiche Fell des Esels berühren zu wollen, veranlasst den einen oder anderen Patienten dazu, sich mühevoll zu recken. Die Physiotherapeuten machen sich diese Motivation gerne zu Nutze, und so verabreden

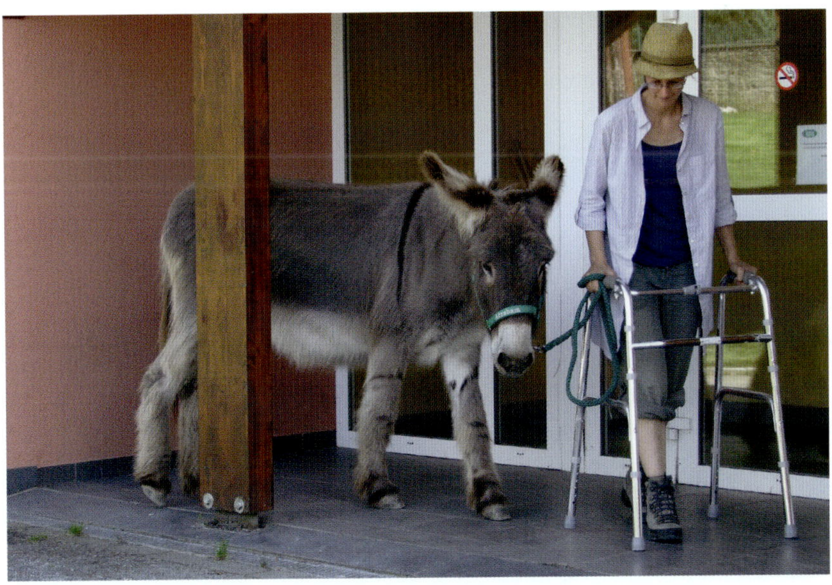

Abb. 98: Ein Esel zu Besuch im Krankenhaus auf dem Weg in den Garten.

wir uns stets für einen gewissen Zeitpunkt, um gezielt Patienten zu therapieren.

Aber auch in der Psychiatrie sind unsere Esel gern gesehene Gäste. Dort haben wir den Vorteil, dass die Patienten für einen längeren Zeitraum vor Ort sind und wir durch regelmäßige Besuche eine Beziehung aufbauen können, während der reine Krankenhausaufenthalt eines Patienten, der sich z. B. ein Bein gebrochen hat, doch recht begrenzt ist.

FALLBEISPIEL

Als ich einen **Garten der Psychiatrie** das erste Mal betrat, war ich angenehm überrascht, wie groß dieser ist. Es handelt sich dabei um einen kleinen Park mit schön angelegten Spazierwegen. Gemeinsam mit einem Patienten drehte ich samt Esel eine lange Runde. Ab und zu blieb der Esel stehen und blickte in die Ferne. Auf die Frage, was der Esel denn dort sähe, gab ich zurück, dass man sich ruhig einmal auf Augenhöhe des Esels bücken sollte – ich war mit unserem Zwergesel dort – und ein Foto aus dem Blickwinkel schießen könnte. Später schauten wir uns das Fotoalbum aus Eselsicht an, und der Patient hatte die Erkenntnis, dass dieser Esel einen faszinierenden Blick auf die Natur hat, denn neben Blumen und Schmetterlingen hatte sich der Esel auch Wolkengebilde und den Sonnenuntergang angeschaut.
Der Blick auf die Natur, die einen umgibt, wurde danach von diesem Patienten wieder stärker wertgeschätzt.

5.6 Besuche in Heimen und Schulen

Werde ich für Einrichtungen gebucht, bei denen die Hygienevorschriften nicht ganz so streng sind, ist auch ein „Hausbesuch" möglich. Dann betreten wir den Aufenthaltsraum des Seniorenheims oder das Klassenzimmer in der Schule.

Auch hier haben wir es mit Menschen zu tun, die regelmäßig besucht werden können, und wo die Möglichkeit besteht, einen Bezug aufzubauen oder gar Hausaufgaben zu geben.

Unternehme ich etwas mit einer Schulklasse, kann Tagebuch über unsere gemeinsamen Aktivitäten geführt werden.

Senioren hingegen überraschen mich beim nächsten Besuch mit einem selbstgedichteten Vers, einem Gemälde oder einer Stickerei, die den Esel zum Thema hat.

Bei meinen Besuchen stelle ich anhand von Anekdoten über den mitgebrachten Esel eine Verbindung her. Der Esel wird ihr Freund, ihr Vertrauter, und beim nächsten Besuch wird nachgefragt, wie sich das ein oder andere inzwischen entwickelt hat. Denn ich stelle in diesem Rahmen auch kleine Tricks vor, die die Esel gelernt haben oder noch lernen werden. So steigt der Esel auf ein Podest und will partout nicht mehr herunter, denn da oben ist er jetzt viel größer und fühlt sich in dieser Position wohl.

Oder ich beziehe die Senioren aktiv in die Tricks mit ein, indem zwei Gehandicapte, die im Rollstuhl sitzen, ein Seil ca. 20 cm über den Boden gespannt halten und der Esel über diese kleine Barriere hüpft.

Oder ich erzähle eine Geschichte und benötige Zustimmung. Jetzt beziehe ich meinen Esel mit ein, dem ich eine Hupe vor sein Maul halte, in die er dann bejahend reinbeißt, wenn es für meine Geschichte sinnvoll ist. Auf diese Art und Weise habe ich schnell die Lacher auf meiner Seite und die Stimmung wird locker und fröhlich (Abb. 99).

EXKURS

Lachen ist die beste Medizin

Was der Volksmund schon lange verkündet, wurde von Medizinern bestätigt: Eine Minute Lachen ist genauso wohltuend wie 45 Minuten Entspannungstraining. Wer sich vor Lachen kräftig schüttelt und sich dabei den Bauch halten muss, aktiviert dabei bis zu 80 Muskeln, davon 21 im Gesicht. Der Körper wird in einen positiven Stress-Zustand versetzt, der unser Leben belebt und verlängert. Der Brustkorb bebt, das Zwerchfell hüpft, die Schultern zucken, die Wangen spannen sich, das Herz pumpt schneller, der Blutdruck erhöht und das Gesicht rötet sich, und über die Atmung wird Sauerstoff in die Lungen gepumpt. Das Gehirn nimmt eine positive Stimmung wahr. Der Gemütszustand und das Nervensystem sind nun gekräftigt, und der gesamte Organismus befindet sich in einer guten Balance. Derart gut, dass sogar das Immunsystem gestärkt wird.

Abb. 99: Dieser Esel gähnt natürlich nur, aber es wirkt auf viele Menschen, als würde er sich köstlich über einen Witz amüsieren.

TIPP

Kleinste Tricks machen diesen Besuch nicht nur unvergesslich, sondern Lust auf Mehr.

FALLBEISPIEL

Ich hatte einmal eine **alte Dame**, die total verzückt war, wenn der Esel ihren Rollstuhl mit dem Maul anstupste und sie in der Form wieder auf ihr Zimmer schob.

Der **Besuch in einer Blindenschule** war für meine Esel und mich eine unerwartete, aber durchaus schöne Erfahrung. Ich hatte zwar bedacht, dass blinde Menschen die Esel natürlich überall anfassen möchten, womit meine Esel auch überhaupt kein Problem haben. Aber mir war nicht klar, wie wichtig es war, die Esel neben riechen, sogar schmecken zu wollen. Ganz ungeniert nahm ein Junge die Ohrspitze meines Esels in den Mund, um herauszufinden, wie das schmeckt. Und wenn ich die Aufgabe formuliere: „Finden Sie einmal heraus, wo die weichste Stelle am Esel ist!", bin ich bei blinden Menschen an der richtigen Adresse, denn das Tasten ist für sie Alltag, und für die Esel ist es eine herrliche Streicheleinheit.

Es versteht sich natürlich, dass ich für solche Zwecke ausschließlich die Esel einsetze, die nicht nur top ausgebildet sind, sondern die ich auch über Jahre sehr gut kennengelernt habe und daher einschätzen kann, wie sie auf verschiedene Situationen reagieren könnten.

Die Heimleitung möchte für gewöhnlich, dass die Senioren am Ende die Esel auch mit einem Stückchen Möhre oder Apfel als kleines Dankeschön füttern dürfen, doch so etwas lehne ich kategorisch ab.

FALLBEISPIEL

Ich habe einmal eine Eselhalterin besucht, die sich genau mit diesem **Ritual** bei den Senioren verabschiedete. Die Möhren und Äpfel waren bereits in Stücke kleingeschnitten und jedem wurde ein Stückchen dieses Leckerlis in die Hand gedrückt. Nun führten wir die Esel (wir waren mit zwei Eseln vor Ort) von Senior zu Senior und dieser steckte den Leckerbissen in das Maul. Doch leider funktionierte das nicht reibungslos. Die Esel waren zwar nicht wirklich hungrig, doch der Appetit auf diesen besonderen Happen machte sie zusehends fordernder. Manche Senioren waren derart zittrig, dass die Belohnung auf den Boden fiel und der Esel danach grabschte. Als ich zu einer sehr betagten Dame kam, rief diese entsetzt: „Nehmen Sie den Esel weg, nehmen Sie den Esel weg!" Und ich konnte ihre Abwehr nur zu gut nachvollziehen. Sie fühlte sich im Rollstuhl von diesem pelzigen Kopf, der auf das Stück Apfel in ihrer Hand gierte, zu recht in die Enge gedrängt. Ich hielt den Esel zurück und beendete dieses Desaster.

Für mich war es die Bestätigung, dass ich auch in diesem Bereich mit der Leckerli-Geberei keine Ausnahme machen werde. Leckerlis ergeben für mich in keiner Lebenslage einen Sinn. Sie sind absolut nicht nötig, sondern machen meist nur „Ärger".

6 Ideen zu Angeboten und Projekten

6.1 Die Tierbeobachtung

Wenn meine Teilnehmer die Esel „nur" beobachten, finden sie aus der Distanz schnell schon eine ganze Menge über sie heraus, z. B.

- wer mit wem befreundet ist,
- wie gefressen und getrunken wird (Abb. 100),
- wie Esel sich hinlegen und wieder aufstehen,
- wie wild ein Eselspiel aussehen kann (Abb. 101),
- wie gut sich Esel mit der Körpersprache verständlich machen können.

Abb. 100: Es ist immer bemerkenswert zuzusehen, wie Esel Disteln fressen, ohne sich dabei zu stechen.

Viele Menschen übertragen bei der Tierbeobachtung ihre eigenen Gefühle auf die Esel. Das ist durchaus natürlich, denn letztendlich schließt der Mensch

Abb. 101: Da Wallache sehr verspielt sind und gerne Gegenstände durch die Gegend tragen – wie hier den Wassereimer – gibt es immer viel zu beobachten und vor allem zu lachen.

von sich auf andere. Der Esel macht gesprächig, und ein Therapeut kann aus der Beobachtung Schlüsse ziehen, was den Patienten beschäftigt, und dies zum Thema machen.

Merkt der Patient, dass die Esel respektvoll behandelt werden, steigert das das Vertrauen zum Therapeuten. Dieser wird sich schneller öffnen, weil er sich gut aufgehoben und verstanden fühlt.

6.2 Die freie Begegnung

Auf meinem Hof handhabe ich es so, dass niemand auf meine Esel von sich aus zugehen darf. Entweder die Esel kommen von selbst oder sie kommen nicht – und das wird dann auch akzeptiert. Wenn die Esel z. B. ruhen, dann wird das respektiert und die Esel werden dabei nicht gestört (Abb. 102). Das ist allerdings eher selten der Fall, denn für gewöhnlich sind meine Esel neugierig genug, dass sie gerne auf Menschen zugehen.

Meine Esel haben die Erfahrung gemacht, dass es Menschen gibt, die ängstlich auf sie reagieren, daher tasten sie sich respektvoll und vorsichtig heran. Schließlich möchten sie ja Kontakt aufnehmen und zu draufgängerisches Herantreten bewirkt meist, dass der Mensch sich zurückzieht. Esel sind kontaktfreudige, aber auch geduldige und einfühlsame Tiere. Meine Esel verstehen inzwischen solche Reaktionen und berücksichtigen das bei der Kontaktaufnahme.

Abb. 102: Die Esel sollten in ihrer Ruhephase nicht gestört werden.

Umgekehrt gilt jedoch das Gleiche. Meine Gäste müssen sich meinen Eseln gegenüber ebenso respektvoll verhalten. Mag ein Esel nicht mehr gekrault werden und wendet seinen Kopf vom Menschen weg, sollte dieser mit dem Kraulen auch aufhören (Abb. 103).

Abb. 103: Wendet sich der Esel dem Menschen zu, ist die Kontaktaufnahme erwünscht.

FALLBEISPIEL

Nicht weichen: Stehe ich mit einer Gruppe Seminarteilnehmer bei uns im Auslauf im Kreis, habe ich einen speziellen Esel, der mit Vorliebe in die Mitte des Kreises tritt und alle Menschen nacheinander abgeht und diese auf Eselart begrüßen möchte. Nach Eselart bedeutet, dass er seine Lippen spitzt und sein Maul bzw. seine Nüstern sehr nah an das Menschengesicht hält (Kap. 1). Er atmet durch seine großen Nüstern aus und erhofft sich, dass der Mensch ihm leicht in die Nüstern pustet. So kann er den Duft aufnehmen, analysieren, verinnerlichen und diesen Geruch diesem Menschen zuordnen. Einigen Teilnehmern ist es allerdings nicht ganz geheuer, wenn ein großer Eselkopf derart nahe ans Gesicht ragt. Verlagern diese Menschen nur ihr Gewicht zurück, versteht dieser Esel sofort, dass er zu nah gekommen ist und nimmt rücksichtsvoll wieder Abstand.

So sensibel sind natürlich nicht alle Esel. Es gibt durchaus auch Esel, die meine Teilnehmer austesten. Tritt ein anderer Esel in diesen Kreis, begrüßt auch er die Menschen. Nach einiger Zeit sucht er sich dann eine Stelle seiner Wahl und möchte sich durch zwei Menschen aus dem Kreis nach draußen drängen. Da ich meine Esel kenne, weiß ich, was kommen wird und mache das nun zur Aufgabe. Ich möchte, dass niemand diesen Eseln ausweicht oder sogar demonstrativ Platz macht. Er soll die Lücke aus dem Kreis nehmen, durch die er reingekommen ist. Denn wenn einer meiner Teilnehmer jetzt einen Schritt zur Seite gehen würde und denkt, dass er mit dieser Geste „höflich" wäre, bewirkt das beim Esel vielmehr, dass dieser Mensch schnell zu beeindrucken ist, da er so „nachgiebig" war. Einem nachgiebigen und unsicheren Menschen kann ein Esel wenig Vertrauen entgegenbringen. Ein selbstsicheres, aber natürlich dennoch freundliches Auftreten hingegen beeindruckt Esel mehr.

Die meisten meiner Seminarteilnehmer, die Probleme im Handling mit ihren eigenen Eseln haben, sind „zu nett" und lassen sich „auf der Nase herumtanzen". Der gegenseitige Respekt fehlt und wird hier thematisiert.

Oft befürchten die Teilnehmer: „Ja, aber wenn ich so streng bin, mag mich der Esel am Ende nicht mehr." Doch der Esel möchte nicht ständig austesten müssen, was geht und was nicht geht.

! Auch Esel leben stressfreier, wenn Regeln aufgestellt und konsequent eingehalten werden.

Diese „Strenge“ verschafft Respekt und ändert nichts daran, von dem Esel gemocht zu werden. Ganz im Gegenteil, Sie steigen in seiner Gunst – so meine langjährige Erfahrung im Zusammenleben mit sozialen Tieren.

Regeln für die Beziehung zwischen Mensch und Esel

- Lernen, sich durchzusetzen: Nicht zu weichen, sondern freundlich zu sagen, dass es hier nicht lang geht und dennoch von seinem Gegenüber gemocht zu werden, erfährt mancher hier zum ersten Mal. Häufig neigen wir Menschen dazu, nicht „nein“ sagen zu können. Sich Zuneigung und Vertrauen mit Eseln zu erarbeiten, ist bei diesen langohrigen „Freidenkern“ um einiges mühevoller als z. B. bei Pferden oder Hunden. Meine Teilnehmer arbeiten in der Regel intensiver an diesem Ziel, und wenn es gelingt, ist der Lohn dafür umso größer.
- „Nein sagen“ lernen – den Esel als Vorbild nehmen: Esel kontern bei undeutlichem und/oder gestresstem Verhalten mit Stillstand. Misstrauisch beobachtet er Sie und denkt gelassen darüber nach, ob der nächste Schritt wirklich sinnvoll ist. Esel sind ehrlich und sagen „nein“, wenn ihnen etwas suspekt ist. Für unsereins bedeutet das Verweigern von Aufgaben, die eigenen Glaubenssätze zu erneuern, was nur mit Disziplin zu schaffen ist. Eigene Glaubenssätze sind Sätze, die sich unbewusst tief in uns verwurzelt haben, selbst wenn sie für andere abwegig klingen mögen. Für uns sind sie Realität. Aus dem Grund kostet es uns erst einmal Arbeit, diese zu mindern.
  Vergleichbar ist das z. B. mit dem Frühaufsteher. Für gewöhnlich müssen wir täglich um 6:30 Uhr morgens aufstehen und daher kann es geschehen, dass wir auch an freien Tagen um die gleiche Zeit aufwachen – ganz egal, wie spät man sich schlafen gelegt hat. Die Gewohnheit ist der ausschlaggebende Grund dafür. Dem Körper wird etwas antrainiert, was er derart verinnerlicht, dass ein Automatismus entsteht. Glaubenssätze funktionieren ebenso, denn unbewusst geht der Körper davon aus, dass das frühe

Aufstehen korrekt und beabsichtigt ist. Daher handelt er in jeder Situation auch nach diesem Muster.
Der erste Schritt zur Veränderung ist, sich dessen bewusst zu werden, und wenn das Problem erkannt wurde, aktiv dagegen zu lenken. Es geht darum, das alt verankerte gegen ein neu erlerntes Verhalten zu ersetzen. Vor allem zu Anfang bedarf es dafür viel Stärke und Disziplin. Mit einem bewussten Zeitfenster lässt sich das „Nein sagen" gezielt üben – unvorhergesehene Notfälle natürlich ausgenommen!
Tritt z.B. ein Kollege in diesem Zeitfenster mit der Bitte an Sie ran, eine Aufgabe zu erledigen, gehen Sie in sich: Wollen Sie wirklich diese Aufgabe übernehmen, oder spricht Ihr Glaubenssatz zu Ihnen? Häufig haben wir auch das sogenannte Bauchgefühl, das wir deutlich spüren. Sollte dies ein ungutes Gefühl sein, sollte die Antwort „nein" lauten.

- „Nein sagen" macht sympathisch, da wir authentisch sind: Selbstverständlich sollten wir das „Nein" höflich erwidern und diplomatisch antworten. Ehrlich und klar, anstelle von falschen Versprechungen und Unzuverlässigkeit.

Zur freien Begegnung gehört auch, dass man über die Individualdistanz oder – wie man bei Fluchttieren sagt – von der Fluchtzone spricht. Einige Menschen, die übergriffiges Verhalten selbst erlebt haben, haben Schwierigkeiten, die Individualdistanz zu respektieren. Sie erfahren beim Erlenen des richtigen Umgangs mit Eseln vielleicht zum ersten Mal, dass auch sie ein Recht darauf haben, zu bestimmen, wie viel Nähe sie zulassen wollen (Abb. 104).

Abb. 104: Die Esel dürfen erst an das Futter herantreten, wenn der Futtergeber die Freigabe gibt und nicht früher.

Der Mensch lernt, wie seine Körpersprache auf die Esel wirkt, und entwickelt ein Bewusstsein für seine körperliche Präsenz. Schnell findet man heraus, welcher Abstand zum Esel angenehm, aber auch unangenehm ist.

6.3 Das Füttern und Pflegen

Unsere Esel werden für diese tägliche Versorgung angeleint. Also nicht für die normale Raufutter-Fütterung, sondern für die einmal täglich stattfindende Fütterung der Schüssel mit Mineralien, Möhre, Apfel und im Winter auch Hafer, Luzerne und kaltgepresstem Leinöl. Denn diesen Energie- bzw. Mineralcocktail benötigen Esel, damit der Mindestbedarf gedeckt ist. Da dieses Futter besonders lecker ist und beim Fressen die Freundschaft unter Tieren aufhört, ist es stressfreier für alle Beteiligten, wenn die Esel dafür an einem Platz angebunden werden, damit sie anderen Eseln das begehrte Futter nicht streitig machen können (Abb. 105).

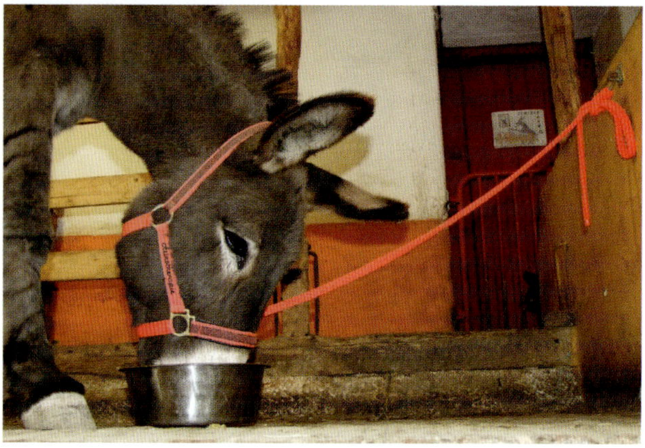

Abb. 105: Jeder meiner Esel hat seinen festen Platz im Stall für diese Fütterung.

Die Futterschüsseln vorzubereiten, ist eine Aufgabe, die vor allem fürsorglichen Gastgebern auf den Leib geschrieben ist. Die Möhren werden klein geschnitten, der Apfel halbiert. Dabei ist darauf zu achten, dass das Gemüse und Obst natürlich einwandfreie Qualität haben und nicht verschimmelt sind. Die richtige Menge Mineralfutter, Haferkörner und Pellets werden am Ende mit einem Schuss kaltgepresstem Leinöl „verfeinert". Da die meisten

Menschen dazu neigen, ihren Gegenüber mit Köstlichkeiten verwöhnen zu wollen – man denke nur daran, wie groß der Wunsch ist, Tiere zu füttern oder sie mit Futter zu belohnen – können sie sich hier ausleben.

Die Verantwortung, gutes Futter zu servieren und danach auch alles wieder sauber zu spülen, ist für sorgsame Menschen eine zufriedenstellende Erfahrung.

Sind die Esel alle an ihrem Platz angeleint und mit dem Fressen beschäftigt, können derweil schon einmal die Hufe ausgekratzt werden, denn das ist eine Aufgabe, die für Esel nicht besonders bereichernd ist. Ich persönlich gestalte die Pflege immer in der Form, dass auch mal etwas Schönes wie z. B. das Bürsten für den Esel dabei ist, und dass danach wieder eine Pflichtübung wie z. B. das Auskratzen der Hufe gefordert wird. Auch die Gäste haben in dieser angebunden Situation nun die Möglichkeit, sich auf diesen einen Esel zu konzentrieren, mit der Gewissheit, von den anderen Eseln dabei nicht gestört zu werden. Der Esel ist uns jetzt natürlich vollends ausgeliefert, daher darf diese Situation nie ausgenutzt werden. Im Gegenteil: In dieser Zeit soll der Esel nach Strich und Faden verwöhnt werden.

Ich persönlich erfreue mich zwar bereits daran, wenn es meinen Tieren schmeckt, aber wenn ein Esel einmal verarztet werden oder er regelmäßig Medikamente verabreicht bekommen muss, ist das eine Aufgabe, die ich mit Vorliebe übernehme. Ich möchte so gerne helfen und will, dass es meinen „Lieben" gut geht und sie keine Schmerzen haben. Daher ist es für mich eine schöne Genugtuung, wenn ich heilend einwirken darf.

6.4 Das Halftern und Führen

Um den Esel führen zu können, benötigen Sie ein passendes Halfter. Wichtig ist, dass das Halfter richtig am Eselkopf sitzt. Es sollte weder zu locker, noch zu eng anliegen. Wenn ein Finger zwischen Schädel und jeweiligen Riemen passt, ist es perfekt. Die meisten Halfter werden leider zu groß gewählt bzw. sitzen zu locker am Kopf, und das Führen des Esels fällt schwerer, weil Sie nicht punktgenau Impulse geben können.

Achten Sie bitte auch darauf, dass der Nasenriemen weder zu hoch – dann drückt er auf das empfindliche Jochbein – noch zu tief sitzt, denn die Nasenbeinspitze ist dünn und kann bei einem plötzlichen Ruck schnell brechen. Hier einmal eine Ansicht des Schädels, wo am besten der Nasenriemen platziert werden sollte (Abb. 106).

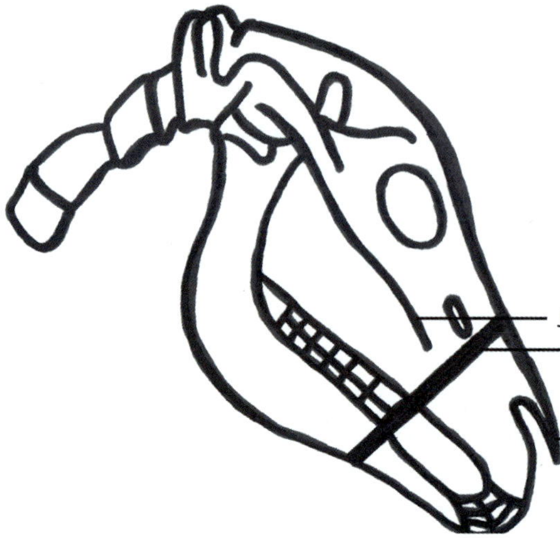

Abb. 106: Zwischen Joch- und Nasenbein sollte der Nasenriemen sitzen.

TIPP

Als Führstrick eignet sich ein handelsüblicher Strick mit einer Länge von 220 cm. Dieser darf am Ende keine Schlaufe haben, in die man wohlmöglich die Hand reinsteckt. Das könnte bei einem durchgehenden Esel zur gefährlichen Falle für den Menschen werden. Sie können aber als kleinen „Pack-an" am Ende des Strickes einen Knoten machen.

Ob Sie als Material Baumwolle oder Synthetik bevorzugen, ist vollkommen egal. Baumwolle liegt zwar angenehm in der Hand und saugt den Handschweiß gut auf, bleibt aber lange Zeit nass, wenn Sie in einen Regenschauer geraten sind. Synthetik dagegen trocknet schneller ab.

Als Haken würde ich beim Führen immer den Karabinerhaken bevorzugen. Ein sogenannter Panikhaken kann sich versehentlich auch schon einmal öffnen, wenn der Führer den Strick zu kurz gepackt hat. Bei einem Karabinerhaken passiert das nicht.

Das Halftern und Führen fördert u. a. die Sozialkompetenz, da es Lernziele verfolgt, wie:

- Verantwortung für andere zu übernehmen,
- die eigene Kraft angemessen einzusetzen,
- die Wahrnehmung zu verbessern,
- Empathiebereitschaft,
- vorausschauend zu agieren.

Esel, die sich nicht gut führen lassen, haben häufig mangelndes Vertrauen in die Person, die sie führt, und/oder noch wenig Erfahrung im Allgemeinen gesammelt und fühlen sich nun ausgeliefert und verweigern sich. Wenn der Führende das nicht berücksichtigt und keine Geduld aufbringt, sondern Druck ausübt, macht der Esel dicht und „versteinert". Dem Führenden wird schnell klar, dass er mit dieser Methode nicht weiterkommt und andere Strategien ausprobieren muss.

Abb. 107: Idealerweise geht der Mensch auf Kopfhöhe des Esels und schaut beim Führen mit „Eselaugen".

Einem zögerlichen Esel führen Sie am besten, indem Sie vorausgehen und zeigen, wo Sie lang gehen möchten (Abb. 107). Für gewöhnlich wird der Esel Ihnen folgen, wie in einer Karawane üblich. Der Teilnehmer geht beim Führen also als gutes Beispiel voran und muss mit „Eselaugen" vorausschauen:

- Wovor könnte der Esel sich fürchten?
- Welche Bürgersteigseite würde der Esel bevorzugen, wenn links eine Mutter mit Kinderwagen und rechts ein Mann mit Hund an der Leine auf ihn zukommen? Oder wenn rechts eine Pfütze und links ein Kanaldeckel den Weg „versperren"?
- Er muss sich einfühlen in den Esel, mutmaßen, was der Esel denken könnte und ihm Selbstsicherheit geben. Auch ein gut ausgebildeter Esel ist nur so gut, wie derjenige, der ihn am Ende des Strickes führt.

Das Führen eines Esels gibt daher viele gute Ansätze für tiefgreifende Gespräche.

TIPP

Damit eine gewisse Sensibilität beim Führen entsteht, können zuvor Trockenübungen am eigenen Leib gestaltet werden. Eine Person legt sich ein Halfter samt Strick um den Hals und eine andere Person zupft, oder zieht an dem Strick. Auf diese Art und Weise bekommen Sie ein gutes Gespür dafür, wie fest oder sanft Sie Ihre Impulse beim Führen einsetzen sollten.

Im Anschluss der Führ-Trockenübung mit Menschen kann reflektiert werden, wie man die Einheiten empfunden hat:

- „Wie hast du dich als vorangehender Führer gefühlt?"
- „Was hast du als vorrangehender Führer an Hindernissen erkannt?"
- „Hattest du Bedenken, deinen Partner zu fest zu ziehen?"
- „Wie hast du dich in der Rolle des geführten Esels gefühlt?"
- „Worauf hast du dich in der Rolle des geführten Esels konzentriert?"
- „Was hast du in der Rolle des geführten Esels gesehen?"

6.5 Auf dem Hindernisparcours

Habe ich Teilnehmer, die sich zu einer Teamschulung angemeldet haben, ist der Hindernisparcours eine gute Wahl (Abb. 108). Ist der Parcours im Team aufgebaut worden und besprochen (z. B. bei Führungskräfteseminaren, Kap. 4.2 und Kap. 5.2), variiert die Aufgabenstellung, diesen mit dem Esel zu meistern.

Ein Teilnehmer erklärt dem Esel-Mensch-Paar die Aufgaben, wie und welches Hindernis überwunden werden muss:

- Mal wird jedes Hindernis einzig mit der Körpersprache erklärt, und das Esel-Mensch-Paar erfährt auf diese Weise die Aufgabenstellung. Es wird also kein einziges Wort gesprochen, und auch dem Esel gegenüber wird nur mit Körpersprache signalisiert, was gewünscht wird.
- Ein anderes Mal erklärt der Teilnehmer den gesamten Parcours mit Worten, und das Esel-Mensch-Paar darf keine Nachfragen stellen, wenn etwas nicht verstanden wurde.

Abb. 108: Ein Hindernisparcours mit Esel kann besonders vielseitig eingesetzt werden.

- Oder der erklärende Teilnehmer dreht dem Esel-Mensch-Paar den Rücken zu und erläutert einzig mit seiner Stimme Hindernis für Hindernis und was gemacht werden soll, und das ausführende Team darf Rückfragen stellen usw.

Schnell merken wir Menschen, dass wir fix an unsere Grenzen stoßen, wenn wir nur mit der Stimme etwas erklärt bekommen. Wenn wir verschiedene Aufgabenstellungen durchlaufen haben und eine Fazitbesprechung folgt, bekomme ich häufig die Rückmeldung, dass die angenehmste Runde die war, als kein Wort gesprochen werden durfte, sondern einzig mit Körpersprache agiert wurde. Diese Stille, einmal nicht „zugetextet" zu werden, genießen wir am häufigsten. Dabei merkt man auch, wie gut wir immer noch unsere Körpersprache einsetzen können, obwohl die meisten von uns die Gebärdensprache mit Sicherheit nicht erlernt haben. Es gibt dennoch so viele Gesten, die wir im Alltag gebrauchen, deren wir uns aber gar nicht mehr bewusst sind, dass es oft einfacher ist, diese zu verwenden, als uns sprachlich auszudrücken. Unsere Mimik und Gestik ist immer noch sehr präsent und wird uns durch einen etwas kniffligen Eselparcours wieder ins Bewusstsein gerufen.

FALLBEISPIEL

Bei einem **Hindernisparcours** können Alltagsgegenstände eingesetzt werden, was eine neue Aufgabe für den Esel darstellt: Staubwedel hat er noch nie gesehen. Den Engpass mit Staubwedeln – liebevoll von meinen Teilnehmern auch „Waschstraße" genannt – meistert dieser Esel zunächst lieber mit einem Sprung, denn das Ganze ist ihm nicht geheuer. Doch schon beim zweiten Durchgang geht er bereits vollkommen souverän durch den Engpass (Abb. 109).

Abb. 109: Durch die richtige Körpersprache kann der Esel der Führenden vertrauen.

6.6 Eseltrekking/Eselwanderung

Schatzsuche: Bei der Schatzsuche ist das Ziel, die Teilnehmer für den Weg zu begeistern. Anhand einer Wanderkarte, auf der auch Hinweise für die versteckte Schatztruhe zu finden sind, übernehmen die Teilnehmer die Führung der Route. Hin und wieder kommt es vor, dass die Esel ein wenig mithelfen, indem sie an einer Wegkreuzung stehen bleiben, wenn der Teilnehmer in die falsche Richtung gehen möchte, denn die Esel kennen sich ja bestens aus und wissen sofort, wenn jemand vom Weg abweicht. Diese Hilfestellung nehmen die Teilnehmer oft gerne an.
Eine Landkarte zu lesen, sich im Wald oder auf freiem Feld zu orientieren, ist zu Zeiten des „Navis" nicht mehr alltäglich. Gemeinsam mit den Eseln diesen Weg zu beschreiten und am Ende einen Schatz zu erhaschen, ist für die Teilnehmer ein schöner Lohn.

Je nach Altersgruppe haben wir Landkarten, die einen mehr oder weniger großen Schwierigkeitsgrad haben. Bei Kindern „arbeiten" wir auf den Karten mit Eyecatchern, wie z.B. dass an einer bestimmten Stelle

- ein Hochstand in Sicht kommt, an dem rechts abgebogen werden muss,
- eine Brücke steht, die überquert werden soll,
- ein Pfeil steckt, der zeigt, in welchem Winkel auf einer Wegkreuzung abgebogen werden muss usw.

Die Spannung, ob die Schatztruhe, die wir vor Beginn der Tour sorgfältig versteckt haben, noch an Ort und Stelle ist, macht mich immer ein wenig kribbelig. Denn schließlich bin ich nicht allein im Wald unterwegs, und es wäre wirklich ärgerlich, wenn den Schatz jemand anders „geplündert" hätte. Doch bis dato ist das noch nicht passiert.

Bei Mehrtagestouren das Übernachten mit Eseln in der Natur umzusetzen (Abb. 110), fordert vor allem die komfortverwöhnten Städter, ein wenig nachzudenken und

- den geeigneten Rastplatz zu finden,
- ein Zelt aufzubauen,
- die Esel einzuzäunen und zu versorgen,
- eine Trinkwasserquelle ausfindig zu machen,
- Feuerholz zu sammeln,
- den Proviant einzuteilen,
- gemeinsam zu kochen und zu spülen,

Abb. 110: Zuerst werden die Esel versorgt, dann das Lager samt Zelt aufgeschlagen.

- Kleidung zu waschen und/oder zu reparieren,
- in der Karte die nächste Marschroute zu planen,
- den Tag Revue passieren zu lassen und Tagebuch zu führen.

Das sind Aktivitäten, die gerne von Familien oder Schulen gebucht werden.

6.7 Eselreiten

Wie im Kapitel 3 beschrieben, sollten Esel nur dann geritten werden, wenn diese gut trainiert/bemuskelt sind und das Reitergewicht zum Esel passt.

Auf dem Eselrücken zu sitzen und die Schwingungen der Gangarten zu spüren, trainiert nicht nur die Balance des Reiters, sondern beansprucht viele unterschiedliche Muskeln. Muskelkater, der für gewöhnlich nach 12 bis 24 Stunden auftritt, ist danach keine Seltenheit. Das sollten Sie dem Teilnehmer zu bedenken geben.

FALLBEISPIEL

Zwei **Halbgeschwister** haben kein besonders gutes Verhältnis zueinander. Die etwas ältere Schwester ist eifersüchtig auf die jüngere Schwester. Beide werden gemeinsam auf den Esel gesetzt, der im Schritt durch die Reithalle geführt wird. Als der Esel über eine Stange geht, müssen die Schwestern sich nun besser ausbalancieren, was der jüngeren schwerfällt. Als die ältere Schwester das bemerkt, umarmt sie blitzschnell ihre jüngere Schwester, um sie festzuhalten. Sie gesteht sich ein, dass sie sich im Grunde doch um die jüngere Schwester sorgt und nicht möchte, dass ihr ein Leid zustößt. Beiden gab diese Situation ein gutes Gefühl.

Der Eselschritt gleicht einem schönen Wiegeschritt, der es auch ungeübteren Reitern ermöglicht, sich auf dem Rücken zu halten.

Unterschätzen Sie bei dem Angebot jedoch nicht, dass ein „Sich-tragen-Lassen" auch eine einseitige Belastung für den Eselrücken bedeuten kann. Unterstützen Sie den Reiter, so gut Sie können, damit der Esel ungehemmt gehen kann.

6.8 Kutsche fahren

Esel sind hervorragende „Marathonläufer". Bei Distanzfahrten mit einem Esel vor der Kutsche schneidet er neben dem Pferd oft besser ab. Denn Esel verausgaben sich selten, sondern teilen sich ihre Kräfte gut ein.

Dennoch sollte beim Kutschfahren darauf geachtet werden, wann es an der Zeit ist, abzusteigen und bergauf die Kutsche von hinten mitanzuschieben, um den Esel bei der Arbeit zu unterstützen. Eine Aufgabe, die die Teilnehmer mitdenken lässt.

TIPP

Es gibt auch behindertengerechte Kutschen, entweder mit einem extra niedrigen Einstieg, einer Rampe für den Rollstuhl oder sogar eine besonders geländegängige dreirädrige Kutsche, bei der der Mensch mit Behinderung die Verbindung zum Esel mit einem Handgriff/Klick lösen kann, sollte dieser unerwartet durchgehen. Denn nichts ist fataler als dass die Kutsche unkontrolliert vom Esel gezogen wird und sich der Mensch mit Behinderung nicht einmal durch einen Sprung retten kann.

Die Escargoline (Abb. 111) wurde in Frankreich eigens von dem bekannten Eselweitwanderer Jacques Clouteau für die Asinotherapie entwickelt.

Dieser dreirädrige Rollstuhl wird von einem Esel gezogen, der allerdings nicht vom Menschen mit Behinderung selbst gelenkt, sondern von einem

Abb. 111: Die Escargoline ist ein luxuriöser Rollstuhl.

anderen Menschen geführt wird. Je nach Art des Handicaps geht noch eine zweite Person am Ende des Rollstuhls mit, die u. a. den Überblick behält oder u. U. die „Kutsche“ im unwegsamen Gelände auch seitlich über einen Stein anheben kann (Abb. 112). Denn für Querfeldein-Touren ist die Escargoline – eingedeutscht auch als „Schneckeline“ bekannt – gedacht. Da die normalen Pfade verlassen werden können, ist es auch bewegungseingeschränkten Menschen wieder möglich, tief im Wald Pilze zu suchen, Nüsse zu sammeln, Beeren zu pflücken oder einen hübschen Blumenstrauß zusammenzustellen.

Abb. 112: Die Escargoline kann, da sie gerade einmal gut 70 kg wiegt, an den Seiten angehoben werden, und ist aus diesem Grund äußerst geländetauglich.

Der größte Vorteil an diesem Gefährt ist jedoch, dass der Insasse selbst oder die Begleitperson am Ende des Rollstuhls nur an einem Hebel ziehen muss, um die Verbindung zwischen Esel und Escargoline zu kappen. Sollte der Esel also einmal durchgehen, besteht keine Gefahr für den Insassen. Die Unfallgefahr bewegt sich also gegen null.

Abb. 113: Nicht nur für Menschen, sondern auch für altersschwache Hunde eine gute Alternative

Abb. 114: Die Behinderten-Tagesstätte aus Hergenrath (Kelmnis/Belgien) bei einer gelungenen Eseltour im Frühjahr 2018.

Hinzu bietet die Escargoline Platz für zwei Erwachsene oder drei Kinder oder einen Erwachsenen mit Hund usw. (Abb. 113).

Bei uns ist die Escargoline seit 2017 regelmäßig im Einsatz, da wir bei unseren Wanderungen auch immer wieder Großfamilien haben, in denen entweder der Opa eine künstliche Hüfte hat, bei der Mutter eine komplizierte Meniskusoperation verheilen muss oder den kleinen Kindern zu schnell die Puste ausgeht (Abb. 114).

FALLBEISPIEL

Im Juni 2017 durften wir eine 93-jährige Großmutter einer Großfamilie in der **Escargoline** chauffieren, die während der gesamten drei Stunden übers ganze Gesicht strahlte. Bei der Verabschiedung packte mich die betagte Dame erstaunlich fest am Arm, zog mich zu sich heran und offenbarte mir: „Heute Morgen fühlte ich mich überhaupt nicht gut und wollte eigentlich gar nicht mitkommen, doch dann habe ich mir gesagt, dass ich noch nie eine Wanderung mit Eseln unternommen habe. Nun bin ich so froh, dass ich diese Unternehmung doch wahrgenommen habe. Ach, da muss man so alt werden, um so etwas Schönes noch erleben zu dürfen, vielen Dank für diesen wundervollen Tag."
Sie drückte mich mit tränengefüllten Augen an sich, und ich war sehr gerührt.

Das macht einen selbst fröhlich und tut Körper und Seele enorm gut. Tiergestützte Angebote bedeuten für mich auch immer, dass ich letztendlich selbst davon profitiere – und damit meine ich nicht den finanziellen Gewinn, der schlussendlich, nachdem der Steuerberater den Jahresabschluss gemacht hat, ohnehin in der Regel viel magerer ausfällt, als man gedacht hat. Also reich, im Sinne des Geldverdienens, werden Sie bei Einhaltung des Tierschutzfaktors mit dieser Arbeit bestimmt nicht, aber reich an Emotionen, Empathie, Dankbarkeit, Kontakten und erstaunlichen Eindrücken allemal.

7 Tierschutz, Hygienemaßnahmen, Haftpflicht und gesetzliche Bestimmungen

Neben dem Expertenwissen über Esel und den Qualifizierungen als Pädagoge oder Therapeut müssen Sie auch gesetzliche Richtlinien berücksichtigen. Zusätzlich müssen auch Hygienemaßnamen und mögliche Ansteckungsgefahren vom Esel auf den Menschen und umgekehrt bedacht werden (Abb. 115).

Abb. 115: Frühstück im Eselauslauf ist bei uns Alltag – der Esel darf gerne zuschauen, aber nicht vom selben Brot abbeißen.

7.1 Tiergestützt muss auch immer tiergeschützt sein

Tierschutzgesetze verlangen zurecht, dass Tiere als Mitgeschöpfe verantwortungsbewusst behandelt und gehalten werden müssen.

Abb. 116: Die Bedürfnisse des Esels lernen – trockene Kälte z.B. macht dem Esel nichts aus – denn Esel sind keine Pferde mit langen Ohren.

Darauf, dass die Esel bei tiergestützten Interventionen nicht nur Mittel zum Zweck werden dürfen, bin ich u.a. im Kapitel 5 bereits eingegangen. Ich möchte an dieser Stelle aber noch einmal betonen, dass für die artgerechte Eselhaltung weiteres Wissen, praktische Fertigkeiten und reichlich Erfahrung notwendig sind, die in Esel-Seminaren und in einem Sachkundenachweis (in Deutschland z.B. nach §11 Abs. 1 Nr. 5 des Tierschutzgesetzes) erworben werden müssen. Viele vermeidbaren Haltungs- und Handlingfehler werden aus Unwissenheit begangen. Die Leidtragenden sind in erster Linie die Esel, aber auch die Tierhalter, die entsprechendes „Lehrgeld" zahlen müssen. Selbst wer langjährige Erfahrung mit Pferden gesammelt hat und in diesem Bereich einen Sachkundenachweis vorlegen kann, muss sich gezielt über Esel weiterbilden und sich mit den speziellen Bedürfnissen auseinandersetzen, da Esel in vielen Lebenslagen anders als Pferde sind (Abb. 116).

7.2 Zoonosen und Hygiene

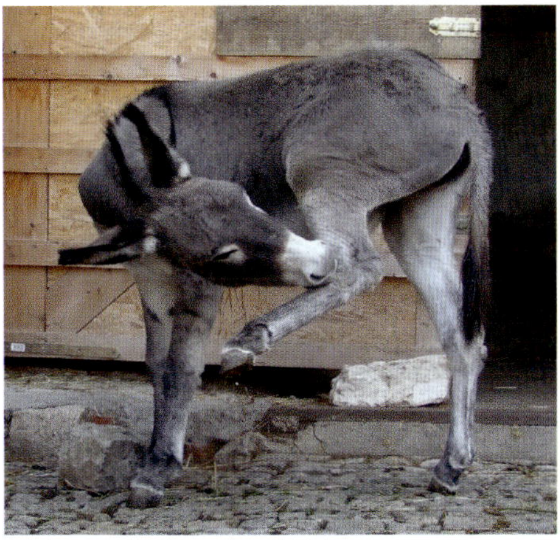

Abb. 117: Hat dieser junge Esel etwa Parasiten oder plagt ihn nur ein Mückenstich?

Es können zwar grundsätzlich durch Tiere anhand von Bakterien, Viren, Pilzen und Parasiten (Prionen, Protozoen, Helminthen oder Arthropoden) Krankheiten auf den Menschen übertragen werden, aber die Gefahr ist äußerst gering. Meist sind Parasiten auch wirtspezifisch und können daher nur in der eigenen Art übertragen werden und greifen sogar nicht einmal auf andere Tiere (Abb. 117). Weitere Übertragungswege können Zecken, Milben oder Mücken sein sowie der direkte Kontakt mit dem Tier (durch z.B. Blut, Schleim, Exkremente) und der Umgebung, wie Einstreu, Futter (Heu/Stroh), Fütteräste (Dornen). Diese Maßnahmen, die die Esel betreffen, sollten dann ergriffen werden:

- regelmäßige Sammelkotprobe und nach Laborergebnis entsprechend handeln/entwurmen,
- regelmäßige Parasitenkontrolle,
- regelmäßiger Gesundheitscheck durch den Tierarzt – mit einem Hygieneplan,
- regelmäßige Huf- und Fellpflege (Abb. 118),
- Verabreichung empfohlener Impfungen,
- tägliche Beobachtung, ob Anzeichen von Krankheiten erkennbar werden.

Diese Maßnahmen sollten im Umfeld der Esel umgesetzt werden:

- tägliches Misten aller Bereiche, in denen die Esel sich aufgehalten haben (Stall, Auslauf und Weide),
- Sauberhalten der Wasser- und Futtereinrichtungen,
- jeden Bereich mit eigenen Reinigungsgerätschaften ausstatten,
- ggf. eigene Arbeitskleidung zulegen, die ausschließlich im Stall bzw. im Umgang mit den Eseln getragen wird.

Abb. 118: Auch wenn der Esel noch so gründlich geputzt wird, wird er dennoch stauben.

Präventiv- und Hygienemaßnamen, die umgesetzt werden sollten, sind:

- nach jedem Esel- und Stallkontakt die Hände waschen,
- evtl. sogar eine leichte Desinfektion,
- Schleimhautkontakte vermeiden,
- direkten Kontakt mit Exkrementen und kontaminierter Erde/Staub vermeiden,
- nach äußerlicher Anwendung von Medikamenten beim Esel (z. B. Sprays) Berührungen vermeiden.

Wenn Sie keine Möglichkeit bieten können, dass Ihr Gast sich vor Ort die Hände unter fließendem Wasser waschen kann, sollten Sie zumindest desinfizierende Feuchttücher anbieten.

> **!** Bei Menschen mit schweren Störungen des Immunsystems ist abzuwägen, ob überhaupt oder mit welchen Einschränkungen eine tierbegleitende Aktion angeboten werden kann.

Wie bereits im Kapitel 2.2 erwähnt, tritt das Tierhaarallergieproblem bei Eseln so gut wie nie auf. Da Eselfell anders aufgebaut ist (nicht gefettet und wasserabweisend wie beim Pferd) und Esel sich wälzenderweise im Sand reinigen, besteht hier kaum ein Risiko, denn die meisten Tierhaarallergien werden durch den Speichel, der in den Haaren kleben bleibt, ausgelöst.

7.3 Tierhalterhaftpflichtversicherung

Wer Tiere hält und hinzu auch noch in der Öffentlichkeit mit ihnen etwas unternehmen möchte, ist für Schäden, die diese verursachen, haftbar. Eine private Tierhaftpflichtversicherung ist hier anzuraten, da entlaufene Esel, ob alleine oder in der Herde, kostspielige Schäden verursachen können. Die Konditionen für Esel müssen immer individuell geklärt werden, da diese nicht zwangsläufig mit Pferden gleichzusetzen sind.

Bevor Sie gewerblich mit Eseln arbeiten, muss eine betriebliche Tierhaftpflichtversicherung abgeschlossen werden. Der exakte Versicherungsumfang sollte im Detail mit dem Versicherungsvertreter besprochen werden.

! Je umfangreicher die Esel ausgebildet werden, desto besser, denn es ist immer gut, wenn beim Setting nichts passiert und man die Versicherung erst gar nicht in Anspruch nehmen muss (Abb. 119).

Abb. 119: Wenn der Esel in der Ausbildung auch z. B. Menschen mit Krücken kennengelernt hat, ist es für den späteren Einsatz von Vorteil.

TIPP

Möchten Sie gebisslos (also ohne Trense etc.) reiten oder Kutsche fahren, sollten Sie dies explizit mit dem Versicherungsvertreter besprechen, da es einige Versicherungen gibt, die so einen Fall nicht abdecken wollen.

7.4 Gesetzliche Bedingungen bei gewerblicher Nutzung

7.4.1 Sachkundenachweis

Wenn die Tierhaltung gewerblicher Nutzung dient – und dazu zählen auch pädagogische und therapeutische Aktivitäten mit Eseln – muss diese beim zuständigen Veterinäramt angemeldet werden.

Ferner muss ein Sachkundenachweis erbracht werden. Wie genau dieser Sachkundenachweis aussehen soll bzw. was er alles beinhalten muss, ist nicht nur von Land zu Land, nein sogar von Landkreis zu Landkreis verschieden. Hier gibt es für Eselhalter leider keine einheitlichen Vorschriften. Daher ist es am sinnvollsten, mit dem zuständigen Veterinäramt in Kontakt zu treten und nachzufragen, welche Bescheinigungen erbracht werden müssen und wo Sie diese bekommen können.

Bevor die Erlaubnis zur gewerblichen Haltung erteilt wird, erfolgt in der Regel eine unangemeldete Kontrolle.

7.4.2 Equidenpass

Alle Equiden (Pferd, Pony, Esel, Zebra und deren Kreuzungen) in Europa – egal ob privat oder gewerblich – müssen einen Equidenpass besitzen, in denen u.a. auch die Impfungen des Tierarztes eingetragen werden (Abb. 120). Der Equidenpass ist ein Identitätsdokument. Man könnte also sagen, dass er eine Mischung aus Personalausweis und Impfpass ist.

Equiden, die nach dem 1. Juli 2009 geboren sind, müssen außerdem mit einem Mikrochip gekennzeichnet sein.

Spätestens am 31. Dezember des Geburtsjahres oder ein halbes Jahr nach der Geburt, je nachdem, welche Frist später abläuft, muss jedes Eselfohlen mit einem Transponder (Mikrochip) gekennzeichnet werden und ein Equidenpass vorhanden sein.

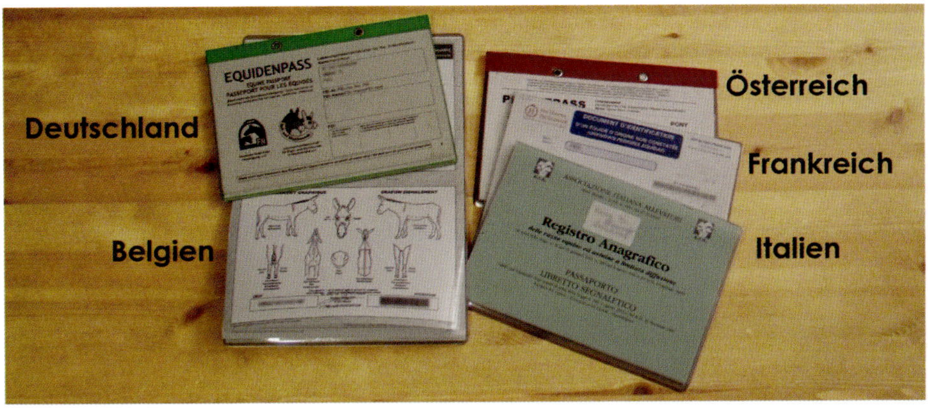

Abb. 120: Der Equidenpass sieht zwar rein äußerlich in jedem Land ein wenig anders aus, inhaltlich aber sind sie identisch auszufüllen.

Der Verkauf eines Esels ohne Equidenpass ist nicht zulässig. Einsteller sind verpflichtet, Esel ohne Equidenpass nicht einzustellen. Dies gilt auch für Esel aus Drittländern.

Der Equidenpass ist, wenn Sie mit Eseln unterwegs sind, immer mitzuführen. Also nicht nur, wenn Sie die Landesgrenze übertreten oder den Esel in den Anhänger verladen. Sobald der Esel den Hof verlässt, müssen Sie diese Papiere mitführen.

Im Equidenpass muss sich der Besitzer auch festlegen, ob der Esel am Ende eingeschläfert oder geschlachtet werden soll. Wenn Sie sich für das Schlachten entscheiden, können Sie das jederzeit wieder in Einschläfern ändern, umgekehrt jedoch nicht. Haben Sie sich einmal für das Einschläfern entschieden, ist das unwiderruflich. Denn bei einer Schlachtung dürfen verschiedene Medikamente dem Esel nicht verabreicht werden, damit diese nicht in die Nahrungsmittelkette gelangen können.

Equidenpass beantragen: Auskunft geben die Stellen in den einzelnen Bundesländern oder das Bundesministerium für Ernährung, Landwirtschaft und Verbraucherschutz. Der Equidenpass dient der

- Identifizierung des Esels,
- Möglichkeit zur Nutzungsdeklaration (z. B. „Zur Schlachtung bestimmt") und Dokumentation von Medikamentenanwendung, wenn die Esel zur Schlachtung bestimmt sind (Abb. 121),
- Vereinfachung der Identifikation des Esels durch Behörden (z. B. Wiederfinden bei Diebstahl oder Entlaufen),
- Integration des Impfpasses und Dokumentation des Gesundheitszustandes der Esel.

Der Equidenpass ist bei Tod, Tötung, Diebstahl, Verlust oder Schlachtung des Esels zu Seuchenbekämpfungszwecken an die Ausstellungsstelle zurückzugeben, es sei denn, er wird unter amtlicher Aufsicht im Schlachthof vernichtet.

Abb. 121: Im Equidenpass müssen Sie sich festlegen, ob der Esel am Ende eingeschläfert werden soll oder zum Schlachter kommt.

7.5 Befähigungsnachweis für den Transport von Eseln

Beim Straßentransport von Nutztieren muss seit Januar 2008 ein EU-einheitlicher Befähigungsnachweis mitgeführt werden, wenn der Transport im Rahmen einer wirtschaftlichen Tätigkeit erfolgt (EU-VO 1/2005):

- Das gilt für Fahrer von Straßentransporten mit Equiden, Klauentieren und Geflügel (Ausnahme: Transporte unter 65 km).
- Nicht nur gewerbliche Fahrer sind betroffen! Es ist ausreichend, wenn mit dem Transport ein Gewinn bzw. Verlust entsteht oder ein Gewinn ange-

strebt wird. Entscheidend für eine wirtschaftliche Tätigkeit ist beispielsweise, ob eine steuerliche Veranlagung oder Eintragung in ein öffentliches Register vorliegt (z. B. Landwirte beim Transport der eigenen Tiere, Reitvereine, therapeutische Betriebe, die tiergestützt arbeiten, Fahrten zu Turnieren usw.).

- Für Hobbyzwecke ist der Befähigungsnachweis nicht erforderlich.

Nach diesen EU-Richtlinien dürfen nur vom Amtstierarzt zugelassene Personen und Fahrzeuge Esel über Strecken von mehr als 65 km transportieren. Voraussetzung hierfür ist eine Ausbildung mit dem Arbeitstitel „Befähigungsnachweis für Tiertransporte“. Nach einer theoretischen Prüfung (schriftlich und mündlich) erhält der Geprüfte den Befähigungsnachweis für Tiertransporte. Die Prüfung umfasst einen allgemeinen Teil, der für alle Tiere gilt und des Weiteren für spezielle Tierarten wie

- Rinder,
- Schweine,
- kleine Wiederkäuer,
- Geflügel,
- Pferde.

Der allgemeine Teil ist für jeden Pflicht, die weiteren Tierarten kann sich jeder für seine Zwecke auswählen. Wer Esel transportieren möchte, muss demnach auch die Prüfung für Pferde machen. Inhalte der Prüfungsfragen sind:

- Grundkenntnisse des Körperbaus, der Körperfunktion, der Bedürfnisse und des Verhaltens von einzelnen Tierarten,
- Auswirkungen von Belastungen, Stressbewältigung,
- Treiben und Leiten von Tieren, Be- und Entladen, Arbeitssicherheit,
- Anforderungen an Transportfahrzeuge (kurze und lange Beförderung),
- rechtliche Vorschriften,
- Auswirkungen der Fahrweise auf Tiere und Fleisch,
- Beurteilung der Transportfähigkeit,
- Verhalten bei Zwischenfällen, Nottötungen von Tieren, Erste Hilfe,
- Versorgung und Pflege von Tieren,
- die richtigen Hygienemaßnahmen.

Nach der bestandenen Prüfung erhalten Sie den Befähigungsnachweis, der bei allen Transporten mitgeführt werden muss. Dieser kann auch bei schweren Verstößen eingezogen werden.

7.5.1 Esel richtig transportieren

Sollen die Esel während des Transports festgebunden werden oder freistehend fahren?

> **!** Es gibt kein Gesetz, das vorschreibt, dass Esel während der Fahrt im Anhänger angebunden werden müssen, daher können Sie unter Berücksichtigung von technischen und gesetzlichen Einschränkungen die Esel so transportieren, wie es Ihnen das beste Bauchgefühl gibt.

Der Transport mit angebundenen Eseln im Anhänger

Die übliche Methode ist es, die Esel im Anhänger an den dafür vorgesehenen Vorrichtungen anzubinden. So binden Sie den Esel an:

- Nicht zu hoch, nicht zu tief, nicht zu kurz, nicht zu lang!
- Der Esel sollte so kurz angebunden werden, dass er sich weder drehen noch ein Bein über den Strick heben kann.
- Dennoch lang genug, damit er sich noch mit Hilfe des Kopfes und Halses ausbalancieren kann.
  Zum Anbinden eignet sich am besten ein stabiles Halfter samt Strick mit Panikhaken.
  Wird nur ein Esel im Anhänger angebunden transportiert, steht dieser auf der verkehrszugewandten Seite, also links.

Der Transport mit freistehenden Eseln im Anhänger

Ich binde meine Esel im Anhänger nie an. Daher haben sie die Möglichkeit, sich so hinzustellen, wie es ihnen am angenehmsten ist. Meist stellen sich meine Esel diagonal, damit sie die Beschleunigung, das Abbremsen und die Kurven ideal ausbalancieren können. Meine Esel werden vorwärts in den Anhänger geführt, und dann drehen sie sich für gewöhnlich um und fahren rückwärts bzw. diagonal, aber den Kopf zur Rampe gerichtet. Die meisten Esel stellen sich auf diese Weise hin, wenn sie die Wahl haben. Sind die Esel angebunden, nimmt man ihnen diesen Komfort.

Eine Überwachungskamera im Anhänger beruhigt einen sehr, da der Beifahrer während der Fahrt immer wieder einmal ein Auge auf die Esel werfen kann. Vor allem bei Bremsmanövern, wenn man z. B. geschnitten wurde, ist es hilfreich, direkt sehen zu können, wie die Esel das verkraftet haben.

Beachtenswertes beim freistehenden Transport

Die Zwischenwand und die Stangen müssen komplett entfernt werden. Dieser Abbau bzw. die Umbauten müssen für diesen Anhänger zulässig sein (ggf. beim Hersteller nachfragen), um die Stabilität nicht zu gefährden.

Die Vordertüren, die von innen geöffnet werden können, müssen verschlossen/gesichert werden, damit die Esel diese nicht während der Fahrt selbst öffnen können und am Ende aussteigen.

Die Öffnung oberhalb der geschlossenen Rampe muss so gesichert werden (z. B. mit einem Fohlengitter), dass die Esel nicht herausspringen können. „Nur" die Plane herunterzuziehen, reicht in dem Fall nicht aus.

7.5.2 Ein eselgerechter Anhänger

Ein Zweiachser hat eine bessere Straßenlage als ein Einachser. Kaufen Sie sich einen gebrauchten Anhänger, lassen Sie auch die Räder auswuchten, denn dann wird die Fahrt direkt viel ruhiger für die Esel.

Ist der Anhänger von innen weiß oder hell gestrichen, wirkt er für Esel einladender als ein dunkler Raum.

Die Rampe sollte Gripp bieten – ein Teppichbelag, Gummiboden, oder mit Querstreben versehen –, damit der Esel mit den Hufen auf dem Anstiegswinkel nicht wegrutscht.

Der Bodenbelag im Anhänger sollte ebenfalls rutschfest sein. Sie können sehr dick einstreuen oder aber den vorhandenen Gummiboden nutzen. Streuen Sie zu wenig ein, kann die Einstreu auf dem Boden zur glatten Falle für die Esel werden.

Haben Sie während der Fahrt trockenes Wetter, ist es ratsam, die Anhängerplane nicht zu schließen, damit der Bereich gut durchlüftet wird, denn die meisten Esel erleichtern sich im Anhänger und dadurch entsteht rasch ein muffiges Klima. Sollte es jedoch regnen oder die Straßen nass sein, wäre es besser, den Anhänger komplett zu schließen, da der Regen oder das Spritzwasser von der Straße in den Anhänger gelangen kann und die Esel darin nass werden können.

TIPP

Haben Sie eine lange Anhängerfahrt vor sich, können Sie für unterwegs Heu aus einem Netz verfüttern. In dem Fall sollten Sie das Heu vorher wässern, damit es in dem kleinen Raum nicht unnötig staubt.

Abb. 122: Diese beiden Esel sind sehr erfahrene „Anhänger-Esel" und nutzen diesen bei schlechtem Wetter auch als Unterstand.

Nicht gewöhnte bzw. trainierte Esel können während einer Anhängerfahrt extrem stark schwitzen. Auch Muskelkater ist keine Seltenheit bei Eseln, wenn sie nicht regelmäßig mit dem Anhänger irgendwohin fahren. Berücksichtigen Sie diese Punkte, damit die Fahrten so stressfrei wie möglich gestaltet werden können (Abb. 122).

TIPP

Kurvenreiche Strecken sind für Esel wesentlich anstrengender als gerade Routen auf der Autobahn. Selbst wenn die Autobahn ein Umweg bedeutet oder Maut kostet, ist diese Route einer kurvenreichen Strecke immer vorzuziehen – zum Wohle der Esel.

8 Eigenanalyse

Zum Abschluss können Sie an dieser Stelle noch einmal selbst analysieren, ob der Esel wirklich das richtige Tier für Ihre angedachten Aktivitäten und Projekte ist. Denn nicht selten hat man eine Idee, die sich bei genauerer Betrachtung als doch nicht so ideal herausstellt (Abb. 123). Am Ende der Eigenanalyse finden Sie Aussagen von mir, wie ich die Fragen nach langjähriger Erfahrung im Umgang mit Eseln beantworten würde.

Abb. 123: „Passt dieser Esel am besten zu meiner Zielgruppe?"

1. Wenn ich in Urlaub fahre, oder krank werde, kümmert sich …
   a. der Nachbar um die Esel, der einmal am Tag nach den Tieren schaut bzw. sie füttert.
   b. meine Familie bzw. mein Freundeskreis um die Esel, die ich bereits eingearbeitet habe.
   c. die Crew im Reitstall um die Esel, wo die Esel eingestellt sind.

2. Ich werde die Esel …
   a. bestmöglich ausbilden, damit sie vielseitig eingesetzt werden können.
   b. bewusst dumm halten, damit meine Kunden im Umgang mit den Tieren schnell an ihre Grenzen stoßen und ich damit einen guten Ansatz zur Therapie habe.
   c. nur für die Zwecke ausbilden, die mir bei den Interventionen dienlich sind.

Abb. 124: Was sollen die Esel alles kennenlernen?

3. Wenn ich in finanzielle Not gerate …
   a. verkaufe ich die Esel.
   b. habe ich Erspartes, an das ich jederzeit herankomme.
   c. baue ich auf meinen Freundeskreis, der mir hoffentlich aushelfen wird.

4. Meine Zielgruppe werden …
   a. Kinder sein.
   b. gehandicapte Menschen sein.
   c. Senioren sein.

Abb. 125: Soll die Zielgruppe Kleinkinder werden?

5. Ich möchte …
   a. therapeutisches Reiten anbieten.
   b. Kutschfahrten anbieten.
   c. Spaziergänge anbieten.
   d. Trekkingtouren anbieten.

Abb. 126: Soll mein Esel Kinder tragen können?

6. Ich möchte Mehrtagestouren mit Eseln anbieten und …
   a. werde ausschließlich geführte Touren machen.
   b. werde meine Esel nach einer Einweisung an die Gäste vermieten.
   c. habe Angestellte, die meine Wandergäste begleiten werden.

7. Ich möchte Kutsche fahren und lebe …
   a. in den Bergen.
   b. in hügeligem Gelände.
   c. im Flachland.

8. Sollte ich in die Lage kommen (z. B. Krankheit), mich nicht mehr um die Esel kümmern zu können, …
   a. werden sie verkauft.
   b. habe ich bereits Nachfolger für mich gefunden.
   c. werde ich sie vorher einschläfern lassen.

9. Das Iah der Esel ist laut und weit zu hören. Die Esel leben …
   a. mitten in einem Dorf.
   b. am Dorfrand.
   c. außerhalb des Ortes.

Abb. 127: Könnte das schallende Iah des Esels in meinem Umkreis zu Problemen führen?

10. Sollte mein Tierarzt einmal verhindert sein, …
   a. hole ich einfach einen anderen Großtierarzt.
   b. warte ich ab, bis mein Tierarzt wieder Zeit hat.
   c. habe ich einen zweiten Tierarzt, der sich ebenfalls mit den Besonderheiten der Esel auskennt.

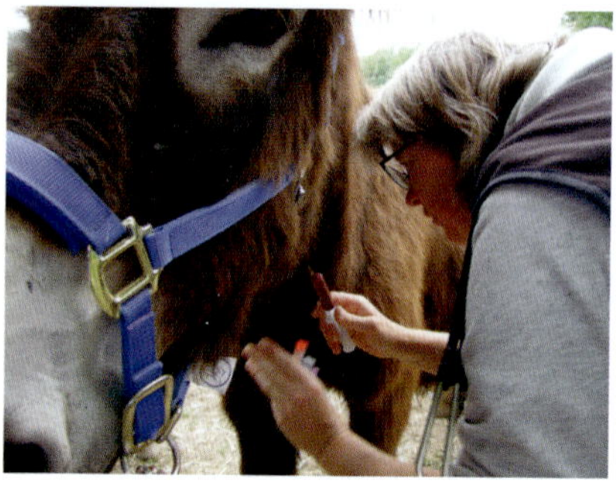

Abb. 128: Welcher Tierarzt hat sich wohl über Esel selbst weitergebildet?

11. Einen Hufschmied, der die Besonderheiten der Esel kennt, …
    a. habe ich bereits.
    b. werde ich mir noch suchen müssen.
    c. brauche ich nicht, ich kenne einen Hufschmied für Pferde.

Abb. 129: Ob der Pferdehufschmied auch Esel in seine Kundschaft aufnimmt?

12. Ich habe täglich Zeit, mich …
    a. eine halbe Stunde um die Esel zu kümmern.
    b. eine Stunde um die Esel zu kümmern.
    c. zwei Stunden um die Esel zu kümmern.
    d. drei Stunden oder mehr um die Esel zu kümmern.

13. Ausbildung: Ich habe …
    a. bereits Tiere erfolgreich ausgebildet und kann daher auch meine Esel selbst ausbilden.
    b. noch keine Tiere ausgebildet, hoffe aber auf gute Literatur, die mir weiterhelfen wird.
    c. eine Weiterbildung über Esel absolviert und kann daher meine Esel selbst ausbilden.

14. Ich möchte regelmäßig mit meinen Eseln Einrichtungen besuchen und habe …
    a. einen eigenen Anhänger mit passendem Zugfahrzeug, einen entsprechenden Führerschein und den Befähigungsnachweis für Tiertransporte.
    b. einen Fahrer samt Anhänger mit passendem Zugfahrzeug und den Befähigungsnachweis für Tiertransporte.
    c. einen Anhänger, den ich mir für diese Zwecke mieten werde.

15. Ich besorge mir meine Ausrüstung (Halfter, Packsattel, Geschirr usw.) für die Esel, …
    a. indem ich sie maßanfertigen lasse.
    b. indem ich sie selbst herstelle.
    c. indem ich nach Frankreich fahre, weil es dort so viel Auswahl an Eselzubehör gibt.

16. Ich bin ein Mensch, der …
    a. sehr dominant ist.
    b. wenig Zeit hat.
    c. viel Geduld hat.
    d. nervös ist.
    e. unsicher ist.

17. Ich möchte mit Hunden und Eseln gemeinsam tiergestützte Aktivitäten anbieten …
    a. und bin mir sicher, dass ich eine Harmonie zwischen den Hunden und Eseln herstellen kann.
    b. und suche mir einen Tiertrainer, der die Tiere gemeinsam ausbilden wird.
    c. und kaufe mir ein entsprechendes Esel-Hunde-Team, die sich bereits kennen und mögen.

Abb. 130: Wie werden sich Hund und Esel wohl miteinander vertragen?

Meine Antworten auf die Fragen:

1. Nur Menschen, denen ich vertraue und die ich zuvor gut eingearbeitet habe, dürfen sich um meine Esel kümmern.
2. Je besser die Esel ausgebildet sind, desto vielseitiger und stressfreier kann ich sie einsetzen.
3. Ich habe ein extra Konto eingerichtet, auf welchem Erspartes liegt, damit meine Esel unter einer finanziellen Notlage nicht leiden müssen.
4. Meine bevorzugte Zielgruppe sind Senioren. Aber auch Kinder und gehandicapte Menschen erreiche ich mit meinen Angeboten. Jeder sollte für sich individuell entscheiden, welche Zielgruppe er ansprechen möchte, um auch die Esel bestmöglich darauf vorzubereiten. Bei mir hat sich die Entscheidung für diese Zielgruppen im Laufe der Zeit entwickelt.
5. Für das therapeutische Reiten eignen sich nur ganz wenige Esel, da der Körperbau des Esels ein Reitergewicht aus tierschutzrelevanten Gründen meist nicht zulässt. Daher biete ich das therapeutische Reiten nicht an, sondern konzentriere mich mehr auf Kutschfahrten, Spaziergänge und Trekkingtouren.
6. Ich würde meine Esel niemals verleihen. Die Gefahr, dass die Gäste – selbst nach einer Einweisung – mit den Eseln nicht zurechtkommen, ist mir viel zu groß. Außerdem kann es vorkommen, dass die Gäste auch ein Stück meiner Erziehung (z. B. durch unkontrolliertes Fressen lassen am Wegrand oder Leckerli-Gabe) kaputtmachen – so meine Erfahrung schon bei geführten Wanderungen. Ich will mir erst gar nicht ausmalen, was alles passieren kann, wenn ich nicht mitgehen würde. Ich bin bei meinen Angeboten also immer selbst zugegen.
7. Ich wohne im hügeligen Gelände, was für gut bemuskelte und trainierte Esel nicht zwingend ein Problem ist. Für Kutschfahrten wäre das Flachland noch idealer. Die Angebote sollten entsprechend der Gegebenheiten immer angepasst werden.
8. Ich habe mich bereits um gute Nachfolger gekümmert, damit meine Esel nicht in Not geraten. Diese Frage sollte schon bei Anschaffung eines Tieres geklärt werden.
9. Ich wohne sehr ländlich am Dorfrand. Da in meiner Nähe fast ausschließlich Landwirte leben, stellt das Iah meiner Esel kein Problem dar. In dicht besiedelten Gebieten können sich Anwohner durch die Laute belästigt fühlen, daher ist wichtig, den Haltungsort gut überlegt auszuwählen.

10. Ich habe inzwischen einige Tierärzte gefunden, die sich gut mit Eseln auskennen und an die ich mich im Falle des Falles wenden kann. Das war allerdings nicht ganz einfach, denn die meisten Tierärzte behandeln Esel wie Pferde, was zu Fehldiagnosen führen und somit fatale Folgen haben kann.
11. Nach langem Suchen habe ich eine Huftechnikerin gefunden, die sich bestens mit den Besonderheiten der Eselhufe auskennt. Auch hier ist es wie mit den Tierärzten: Hufschmiede, die sich gut mit Pferdehufen auskennen, wissen nicht zwangsläufig über Eselhufe Bescheid.
12. Ich habe täglich drei Stunden und mehr Zeit, mich um meine Esel zu kümmern. Das ist wichtig, denn bei der reinen „Not-Versorgung" würde mir mit Sicherheit Manches (z. B. angehende Krankheiten, sozialer Kontakt, Vertrauensaufbau …) entgehen.
13. Ich habe meinen ersten Esel, mit Unterstützung meiner Pferdetrainerin, seinerzeit selbst ausgebildet. Bücher hätten dafür nicht ausgereicht und auch eine Weiterbildung wäre zu wenig gewesen. Während der Ausbildung treten immer wieder neue Fragen und zum Teil auch Probleme auf, die am besten gelöst werden können, wenn man fachliche Unterstützung zu dem Zeitpunkt vor Ort hat.
14. Ich fahre meine Esel am liebsten selbst in unserem eigenen Anhänger und habe dementsprechend auch den Führerschein gemacht und einen Befähigungsnachweis. Sich auf andere Menschen oder Ausrüstung (Anhänger) verlassen zu müssen, ist mir zu unsicher.
15. Da ich handwerklich nicht so geschickt bin, habe ich die meisten Ausrüstungsgegenstände maßanfertigen lassen oder in Frankreich gekauft. Bei Produkten „von der Stange" besteht oftmals die Gefahr, dass sie nicht richtig passen, was zu Lasten der Esel geht.
16. Ich bin ein geduldiger Mensch geworden, der gerne viel Zeit mit den Eseln verbringt. Hinzu weiß ich, was ich will, bin konsequent und arbeite/trainiere dementsprechend auf ein Ziel hin. Die Arbeit mit Tieren funktioniert nur dann gut, wenn man sich seinen menschlichen Schwächen bewusst ist und daran arbeitet.
17. Es gibt nie eine Garantie, dass Esel und Hund sich miteinander vertragen werden, daher ist es ratsam, ein Esel-Hunde-Team zu kaufen, das sich bereits versteht.

Verwendete Literatur

Beetz, A. M. (2003): Tiere in der Therapie – Wissenschaftliche Grundlagen. Handout zur Einführung in die Weiterbildung Tiergestützte Pädagogik und Therapie. In: www.eag-fpi.com/wp-content/uploads/2014/10/Tiere-in-der-Therapie-%E2%80%93-Wissenschaftliche-Grundlagen.pdf, 19.11.2018

Fromm, E. (1974): Anatomie der menschlichen Destruktivität. Deutsche Verlagsanstalt, Stuttgart

Gern, J. E., Reardon, C. L., Hoffjan, S., Nicolae, D., Li, Z., Roberg, K. A., Neaville, W. A., Carlson-Dakes, K., Adler, K., Hamilton, R., Anderson, E., Gilbertson-White, S., Tisler, C., Dasilva, D., Anklam, K., Mikus, L. D., Rosenthal, L. A., Ober, C., Gangnon, R., Lemanske, R. F. Jr. (2004): Effects of Dog Ownership and Genotype on Immune Development and Atopy in Infancy. Journal of Allergy and Clinical Immunology 113 (2), 307–314

Mehrabian, A. (2007): Nonverbal Communication. Routledge, London

Olbrich, E. (2003): Menschen brauchen Tiere: Grundlagen und Praxis der tiergestützten Pädagogik und Therapie. Kosmos, Stuttgart

Vernooij, M. A., Schneider, S. (2013): Handbuch der Tiergestützten Intervention: Grundlagen – Konzepte – Praxisfelder. 3. Aufl. Quelle & Mayer, Wiebelsheim

Literaturempfehlungen

Austwick, J., Austwick T. (2016): Amber und ihr Esel: Von der lebensrettenden Kraft einer Freundschaft. Goldmann, München

Friedrich, T. (2005): Esel- und Mulihufe. Books on Demand, Norderstedt

Göhring, A., Schneider-Rapp, J (2017): Bauernhoftiere bewegen Kinder: Tiergestützte Therapie und Pädagogik mit Schaf, Kuh und Co. – ganz praktisch. pala, Darmstadt

Grandin, T. (2015): Ich sehe die Welt wie ein frohes Tier: Eine Autistin entdeckt die Sprache der Tiere. Rad und Soziales, Hannover

Greiffenhagen, S. Buck-Werner, O (2018): Tiere als Therapie. Neue Wege in Erziehung und Heilung. Nachdruck der 2. Aufl. von 2007. Kynos, Nerdlen/Daun

Hafner, M. (2012): Esel halten. 3. Aufl. Eugen Ulmer, Stuttgart

Klotz, A. (2015): Esel & Mensch. Natürliches Horsemanship mit Eseln, tiergestützte Aktivitäten, Pädagogik und Therapie. 3. Aufl. Books on Demand, Norderstedt

Licht, U. (2009): Liebenswertes Langohr. Alles über Esel. Müller Rüschlikon, Stuttgart

Morris, D. (2001): Horsewatching. Die Körpersprache des Pferdes. Heyne, München

Morris, D. (1996): Körpersignale. Bodywatching. Heyne, München

Otterstedt, C. (2016): Tiergestützte Intervention. Methoden und tiergerechter Einsatz in Therapie, Pädagogik und Förderung. 88 Fragen & Antworten. Schattauer, Stuttgart

Pernitsch, H., Pernitsch, V. (2013): Eseltraining – über Sanftmut und Sturheit ins Vertrauen spiegeln. Tiergestützte Intervention im Spitzensport. Dr. Harald Pernitsch, Pill

Precht, R. D. (2018): Tiere denken. Vom Recht der Tiere und den Grenzen des Menschen. Goldmann, München

Remy-Schwabenthan, S. (2014): Die Seele der Tiere. Gesichter – Gefühle – Geschichten. 3. Aufl. Bassermann, München

Schmidt, J. (2017) : Esel Erziehung. Vom braven Hufe geben, über das richtige Führen, bis hin zum Verladetraining. 3. Aufl. Eigenverlag, Burg-Reuland

Schmidt, J. (2017): Entdecke die Esel. Natur und Tier, Münster

Schmidt, J. (2016): Esel-Kind MAGAZIN. Eigenverlag, Burg-Reuland

Schmidt, J. (2015): Wandern mit Packeseln. Eugen Ulmer, Stuttgart

Schmidt, J. (2013): Das Esel-Buch. Lässige Langohren halten. BLV, München

Schmidt, J. (2007): Warum Esel so gescheit sind. 3. Aufl. MARIPOSA, Berlin

Sezgin, H. (2014): Artgerecht ist nur die Freiheit. Eine Ethik für Tiere oder Warum wir umdenken müssen. 4. Aufl. C.H. Beck, München

Bildquellennachweis

Abb. 1, 2, 50, 55, 74, 75 und 84 (Fotos: Gregor Schmidt)

Abb. 3–49, 52–54, 56–73, 76–80, 82–88, 90, 92–110 und 115–130 (Fotos: Judith Schmidt)

Abb. 51: Wenn mehrspännig gefahren wird, kann auch mehr Gewicht gezogen werden (Foto: Felicitas Frädrich)

Abb. 81: Dieses Kutschgeschirr wird dem Esel gerade angepasst (Foto: Sabine Deingruber)

Abb. 82: Bevor der Esel vor die Kutsche gespannt wird, wird vom Boden aus geübt. (Foto: Felicitas Frädrich)

Abb. 89: Barbara Bank – 1. Vorsitzende des deutschen Eselvereins (IGEM) – geht trotz Rollstuhl weiterhin mit ihren Eseln spazieren (Foto: Otmar Hoefer)

Abb. 91: Neugierig bestaunen die beiden Eselstuten das Instrument: ein Handpan (Foto: Janine Mailliet)

Abb. 112–114: Escargoline (Schneckeline) (Fotos: Judith Schmidt, mit freundlicher Genehmigung von J. Clouteau und J. Chevolleau: Randoline-Glücksschmiede, Montdoumerc)

Sachregister

Leseprobe aus

Cosima Boyle: Lamas und Alpakas in der pädagogischen Förderung von Kindern und Jugendlichen

4.6 Erlebnispädagogische Aktivitäten für Kinder ab 6 Jahren

Lang nennt die acht Grundthemen, die für Kinder im Grundschulalter aktuell sind (Lang 2013). Diese sind mit Erlebnis- bzw. Abenteuerwelten verknüpft und haben für Kinder dieses Alters große Bedeutung. Sie werden in diesem Kapitel näher vorgestellt. Dabei wird darauf eingegangen, wie Neuweltkameliden als Begleittiere dazu beitragen können, diese Themen bei erlebnispädagogisch orientierten Aktivitäten zu berücksichtigen.

1. Jäger und Sammler: Besonders Jungen haben oft den Wunsch zu jagen und zu fangen. Dieses Bedürfnis wird beim Treiben, Einfangen und Aufhalftern der Tiere direkt berücksichtigt. Bei Wanderungen durch die Natur kann man mit verschiedenen Aufgaben und Spielen, z.B. Tierspuren verfolgen, Räuber und Polizist, Schnitzeljagd, dem Jagdbedürfnis nachkommen.

Tipp

Räuber und Polizist: Eine Gruppe bildet die Räuber und wird von der Polizistengruppe verfolgt. Jede Gruppe wird von mindestens einem Erwachsenen und zwei Lamas, die z.B. Getränke und Picknick tragen, begleitet. Die Räuber müssen Spuren hinterlassen, denen die Polizisten folgen können. Die Polizisten müssen die Räuber innerhalb einer bestimmten Zeit in ihrem Versteck aufgespürt haben, um zu gewinnen.

Die Sammelleidenschaft kann durch das Sammeln von Naturmaterialien, Früchten oder Steinen berücksichtigt werden. Das Gesammelte wird von den Lamas getragen.

reinhardt
www.reinhardt-verlag.de

Leseprobe

2. Sich ein eigenes Haus bauen: Dies ist für Kinder ein archaisches Bedürfnis und hat große Bedeutung. Im Wald kann Baumaterial gesammelt werden, das entweder von den Lamas oder einem Bollerwagen o. Ä. transportiert wird. Aus Ästen und Blättern können kleine Schutzhütten gebaut werden, die man bei Wanderungen immer wieder aufsuchen kann. Es kann auch im Wald gezeltet werden (hierfür ist allerdings zuvor das Einverständnis des Försters einzuholen). Für die Lamas muss dann gegebenenfalls ein Weidezaun aufgebaut werden. Auch das Errichten eines Tipis kommt diesem Bedürfnis nach.

3. Pflegen und Hüten: Diesem Bedürfnis kann bei allen Pflege- und Fütterungsmaßnahmen der Tiere nachgekommen werden. Ebenso beim Abstecken der Weiden und bei der Heuernte. Auch das Pflegen von Pflanzen und Naturschutzaufgaben gehören zu diesem Themenbereich. (...)

Auszug aus dem Inhalt

reinhardt
www.reinhardt-verlag.de